세브란스
인사이드

135년 최장수 병원의 디테일 경영 이야기

세브란스 인사이드

이철 지음

SEVERANCE

예미

마음이 선한 의사이며 하나님의 특별한 달란트를 받은 이철 하나로의료재단 총괄원장이 선교사들을 통해 세우시고 하나님이 주인이신 세브란스병원과 연세의료원의 원장으로 14년간 의료행정에 헌신하며 몸담았던 생생한 기록으로, 조선을 사랑한 에비슨 의료선교사의 정신을 실천한 감동적인 저서로서 이 책을 추천합니다.

저자는 모든 의료경영인들이 추구하는 플러스 경영, 이미지 경영과 하드웨어 경영을 더 앞서가며 디테일 경영, 배려의 경영, 나눔의 경영을 국내 처음으로 소개한 의료행정의 선구자입니다.

연세의료원의 미션은 "하나님의 사랑으로 인류를 질병으로부터 자유롭게 한다."로서 2011년 의과대학 신입생 오리엔테이션을 진행하면서 교수들이 신입생들의 발을 씻겨 주는 파격적인 세족식 행사를 하며 세간에 신선한 충격을 주었습니다. 예수님처럼 의대 교수들도 앞으로 의사가 될 제자들의 발을 씻기면서 "제자들이 아파하는 사람들을 보고 눈물 흘릴 줄 아는 의사가 되게 하시고 함께 기뻐할 줄 아는 의사가 되게 하소서! 이들이 마음이 따뜻한 의사들이 되게 하옵소서!"라고 기도하며 축복을 하는 세족식은 이철 전임 의료원장의 경영철학과 주위의 모든 이들을 섬기는 그의 살아온 모습을 보여 줍니다. 이러한 섬김의 자세로 그는 세브란스병원에 많은 변화를 이끌어 낼 수 있었습니다.

역사가 오랜 기관일수록 변화가 쉽지 않습니다. 특히 역사가 100년 이상인 세브란스병원에서 의료진들이 자세를 낮추며 환자들에게 다가가는 변화는 관습과 권위에 익숙한 시니어 교수들에게는 매우 낯설고 거부감의 벽이 높았겠지만 저자의 섬김과 겸손, 순종으로 결국 변화를 이끌어 내며 세브란스병원이 다시 도약하는 계기가 되었습니다. 더 나아가 변화를 통해 의료진·행정직원 등 모두가 '우리는 병원의 주인'이라는 소명의식을 갖게 만들었으며 'Mini-MBA course 경영교육과정'을 도입하여

"직원 모두가 병원장이라는 조직문화를 고착시키고, 주인으로서의 사명감과 성취감"으로 플러스 경영과 함께 '10년 연속 국가고객만족도 1위'인 세계적인 초일류 대학병원으로 거듭나게 만들었습니다.

또한 저자는 환자안전을 위한 국제표준인 'JCI 재인증'을 국내 최초로 획득하여 병원의 진료 질 향상의 중요성을 의료계에 널리 전파하였습니다. 더 나아가 '하나님이 주인이신 병원'의 본질의 경영의 한 부분으로 '수술 전 환자를 위해 기도로 함께하는 의사 프로젝트', '암병원 완화의료센터 설립의 시도', '선한 사마리아인 SOS 프로젝트'와 '선교사들의 건강 지킴이 프로그램'은 세브란스병원의 설립정신과 잘 조화된 이철 전임 연세의료원장만이 이끌 수 있었던 고귀한 업적입니다.

선한 외모와 함께 외유내강형의 저자는 이 저서의 마지막 부분인 '나가는 글'에서 우리나라 보건의료의 현실을 진심으로 우려하며 더 밝은 미래에 대한 직언을 사심 없이 기술하였습니다. 모두가 반드시 집중하며 필독하기를 권유드립니다.

병원의 냄새가 나지 않는 병원 로비, 로비를 커피 향으로 가득 채운 섬세한 디테일 경영의 최고 의료행정가인 이철 전임 연세의료원장께 '의료행정 경험 14년'에 관한 소중한 책을 후배들에게 남겨 주심에 진심으로 감사를 드리며 늘 건강과 행복, 그리고 즐거움을 곁에 두시기를 기도드립니다.

전 아산의료원장, 간이식·간담도외과 석좌교수 **이승규**

들어가는 글

나는 하나님이 선교사들을 통해 세우시고 하나님이 주인이신 세브란스병원과 연세의료원의 청지기로서 14년간 의료행정을 하였다. 나는 소아과 의사이며 인큐베이터에서 자라는 미숙아 신생아를 돌보는 신생아 집중치료 세부전문의이다. 어느 날 갑자기 청진기를 운전하던 사람이 병원행정을 운전하게 된 것이다.

의사는 질병을 고치려고 노력하는 사람이다. 일단 질병의 원인, 즉 병명이 진단되면 내과 분야 의사는 약으로, 외과 분야 의사는 수술로 치료를 시작한다. 일단 병명이 진단되면 치료는 교과서에 나온 표준 프로토콜대로 시작을 하면 된다. 그러나 진단이 치료보다 어려울 때가 많다. 진단은 어찌 보면 예술 같기도 하다. 환자의 다양한 호소와 증상을 바탕으로 하여 신체의 진찰과 함께 진단검사의학이나 영상의학 그리고 병리 의사들의 도움을 받고, 그간의 진료 경험까지 총동원하여 병명을 진단하기 때문이다. 쉬운 진단도 있지만 오랜 시간이 경과하여도 진단이 어려운 경우도 있다. 왜냐하면 내과학 교과서에 나오는 수많은 병명 중 많은 병들의 원인이 불명으로 처리되어 있기 때문이다.

이런 과정을 평생 수행하던 의사에게 병원행정 일이 맡겨졌다. 병원은 공장처럼 갑자기 신제품이 나와 새 생산공정이 생겨나는 곳은 아니다. 수십 년 해오던 관행대로 진단과 치료를 위하여 움직인다. 연세의료원의 '하나님의 사랑으로 인류를 질병으로부터 자유롭게 한다'는 '선한 사명'을 실천하는 데 의사, 간호사만으로는 부족하다. 연세의료원에는 의사, 간호사를 포함하여 42개나 되는 수많은 직종의 직원들이 근무한다. 임상병리사, 방사선사, 물리치료사, 치과기공사, 의수족기수, 채혈사, 시설기사, 사진기사, 교환원, 재봉사, 선교사, 변호사 등 '이렇게 많은 직종이 있나' 하고 놀랄 정도의 많은 사람들이 움직이고 있다. 이들 모두가 생명을 살린다는 한 가지 사명으로 서로 한 몸처럼 움직이는 삶의 현장이 바로 병원이다. 의료원장이나 병원장은 이 많은 이들의 치료하는 일, 가르치는 일, 연구하는 일의 촉매제 역할을 하여야 하며 때로는 교향악단의 지휘자처럼 조직을 이끌어야 한다.

역사가 100년 이상 된 오래된 기업이나 병원일수록 변화에 대한 저항과 거부감이 대단하다. "그냥 이대로가 좋아, 지금까지 잘해 왔잖아."라는 심정들이다. 새로운 변화를 시도하면 반드시 반대가 있기 마련이고 반대의 의견을 상사에게 표현할 수 없으니 노동조합으로 달려간다. 그러나 이런 변화나 개혁을 이해하거나 동조하는 무언의 다수 교직원들도 있다. 이럴 때 주로 해당 부서의 워크숍을 이용하곤 하였다.

자유토론 시간을 가지면 자연스럽게 변화에 동조하는 그룹의 의견도 표출된다. 때로는 워크숍에 가기 전에 의료원장이 몇몇의 핵심 구성원들에게 변화에 대한 당위성을 설명하면, 이들이 워크숍에서 동료들을 설득하는 데 앞장서기도 한다. 이런 과정을 거쳐 부서 스스로가 자체적으로 변화와 개혁을 추진하는 방향으로 결의를 이루고, 이 결의를 집행하는 과정을 거치면서 변화와 혁신이 서서히 뿌리를 내리게 되는 것이다.

결재 시에 1억 원이 눈에 잡히지 않던 행정 초년병을 시작으로 1997년부터 2004년까지 세브란스병원 기획관리실장, 세브란스병원 진료부원장, 연세의료원 기획조정실장을 7년 6개월간

수행하였다. 병원장이나 의료원장을 모시는 참모의 역할이다. 나의 꿈이나 아이디어를 이루려면 병원장이나 의료원장의 허락을 얻어야 그 꿈이 실현된다. 지금 이 책에 기록된 일들은 이런 과정을 거쳐 이루어진 것들이다. 지금 생각하면 나의 꿈이 이루어지도록 허락하여 주신 병원장과 의료원장들에게 고마움이 앞선다.

그리고 2008년부터 2014년까지 6년간 연세대학교 김한중 총장의 임명으로 세브란스병원장과 연세대학교 의무부총장 겸 의료원장을 수행하였다. 즉 CEO의 역할을 수행한 것이다. 연세의료원의 재정은 연세대학교 본부 재정과 분리되어 있다. 연희전문학교와 세브란스의학전문학교가 대등한 위치로 합병하면서부터 연세대학교 정관에 새겨진 원칙이다. 연세의료원은 간섭이나 지시 없이 독자적으로 조직을 운영하는 장점도 있지만, 의료원장의 책임 또한 매우 막중하여 고독하고 혼자 고민하여야 하는 외로운 직책이다. 다른 의료기관처럼 기업 본부에서 경영사장이 병원으로 파견되는 것도 아니고, 예산을 얻기 위해 정부의 승인을 받는 그런 조직이 아니기 때문이다.

연세의료원이라는 조직은 일반인들에게는 생소하다. 의료원의 산하기관은 총 13개이다. 교육기관으로는 의과대학, 치과대학, 간호대학 3개 대학과 보건대학원을 산하에 두고 있다. 그리고 진료기관으로는 신촌캠퍼스에 위치한 세브란스병원과 치과대학병원, 서울 남쪽의 강남세브란스병원, 용인세브란스병원을 산하에 두고 있다. 세브란스병원에는 연세암병원, 심장혈관병원, 재활병원, 어린이병원, 안과병원의 5개 전문병원이 있다.

연세의료원의 규모는 방대하여 2020년 1년 예산이 2조8천억 원에 이른다. 2007년 1조 원을 돌파한 후 암병원 신축 등으로 기하급수적으로 늘어나 13년 만에 거의 3배로 증가했다. 2020년 예산 규모는 천안시 1년 예산보다 많다. 의료원 직원 수 12,538명으로 삼성전자의 10분의 1이지만 아시아나항공보다 많다. 여기다 용역직원 929명이 더하여진다. 교수 1,367명, 강사 382명, 전공의 921명, 간호사 5,258명 등 어마어마한 규모의 조직이다.

다행하게도 나는 다른 의료원장들보다 병원 행정업무를 접하고 배울 기회가 많았다. 병원 부원장 시절에는 퇴직으로 공석이 된 행정부원장 일을 겸하여 맡았다. 그리고 의료원 기획조정실장 때는 의료원 사무처장이 퇴직함으로써 사무처장 일도 겸하여 수행하였다. 의사들은 의사와 간호사의 일은 잘 파악하지만 행정적인 일은 좀처럼 수행할 기회가 없는데, 나에게는 두 분의 행정직 수장이 퇴직하고 공석이 된 오랜 기간 동안 기획업무와 일반 행정일을 총괄하는 기회가 있었다.

연세의료원 기획조정실장 임기 시작은 세브란스 새 병원 착공 한 달 후인 2000년부터 시작되었다. 기조실장 임기 4년 동안 세브란스 새 병원 5만1천 평의 건설 공정회의를 통하여 여러 가지 공사 실무를 경험하였다. 연세의료원장 취임도 연세암병원을 착공한 지 한 달 후인 2010년부터 시작하여 의료원장 4년 임기 중인 2013년에는 에비슨의생명연구센터ABMRC 1만2천 평이 준공되었고, 2014년에는 암병원 3만2천 평이 준공되었다. 건축이 진행되는 동안 많게는 매주, 적게는 한 달에 한 번씩 공정회의에 참석하였다.

용인세브란스병원 토지는 기부받은 토지이다. 의료원장 취임 후 한 달 만에 세무서로부터 지방세인 취득세와 국세인 증여세를 합쳐서 약 120억 원의 세금고지서를 받게 되었다. 학교법인에 기증된 토지에 대해서는 취득세가 감면되는데, 기증받고 3년 내에 기증 목적대로 병원을 착공하지 못하면 감면이 유예된 세금이 부과되는 것이었다. 의료원이나 학교 재단에서도 아무도 이런 세금이 부과될 것을 인지하지 못하고 있었다. 세금을 납부하는 것보다 세금 액수만큼 공사를 시작하는 것이 좋겠다고 판단하고 용인세브란스병원의 지하층 포함 지상 1층까지 골조공사를 마치고 자금사정으로 건축공사를 중단하였다. 진행 중이던 연세암병원과 에비슨의생명연구센터 공사로 인하여 자금이 부족하였기 때문이다.

연세의료원은 서울역 앞의 세브란스의학교가 신촌캠퍼스로 이전한 1962년부터 2000년까지 40년간 약 5만 평을 건축하였다. 의료원 신촌캠퍼스 지역은 2005년 세브란스 새 병원 건물 5만1천 평이 준공됨에 따라 2배 면적의 건물을 가지게 되었다. 그리고 2014년 암병원과 에비슨의생명연구센터를 합쳐서 도합 4만4천 평을 준공하면서 전체 15만 평 규모로 3배의 면적으로 확장되었다. 대역사가 이루어진 15년 동안 실무자인 의료원 기획조정실장과 책임자인 의료원장으로서 병원 건축의 역사에 참여하였다는 것이 너무나 감격스럽다. 건축에 대하여 문외한이던 의사가 거의 10만 평 건축의 실무를 하면서 많은 것을 배우고 많은 것을 이루었다.

연세의료원에 면면히 흐르는 전통은 원장이라도 임기가 끝나면 퇴사하는 일반 회사와 달리 다시 교수로 돌아가 본연의 진료나 연구업무를 수행하는 것이다. 의료원 행정은 연속성이 있어서 전임 원장들이 세우고 집행해 온 일들이 많다. 후임은 이것들을 계속 발전시켜야 한다. 전임 원장의 업적을 단절시키거나 혹은 자기의 공으로 돌려서도 안 된다. 같이 일하는 동역자들인 참모들에게 힘을 실어 주고 그들의 아이디어가 꽃이 피도록 지원을 아끼지 말아야 한다.

나는 이런 리더십을 온누리교회 하용조 목사의 평신도 사역 철학에서 배웠다. 보통 교회의 사역은 여전도회 중심으로 이루어진다. 그러나 하용조 목사는 평신도가 제안한 사역이 해야 할 사역으로 판단되면 적극적으로 지원을 아끼지 않았다. 멍석을 깔아 주고 마음껏 일이 이루어지도록 지원하였다. 의료원에서도 의료원장을 돕는 분야별 참모들이 많다. 캐피털 캠페인을 도입한 김원호 교수, 환자경험을 위하여 모셔 온 김진영 교수, 세브란스 특허박람회를 시작으로 의료산업화에 큰 공을 세운 송시영 교수 들과 같이 의료원의 많은 일들을 함께 새롭게 이루어 갔다.

방대한 예산과 조직을 가진 연세의료원을 혼자 관리할 수는 없다. 단위기관장인 대학장과 병원장에게 전결권을 대폭 이양하였다. 그러나 예산권과 인사권은 의료원장이 심의하고 승인을 받는 체제로 운영하였다.

전결권을 대폭 이양하면서 병원장과 대학장에게 당해 연도 예산안을 승인을 받도록 하는 제도를 도입하였다. 대학장이 "대학이 돈을 쓰는 곳이지 돈을 버는 곳입니까?"라고 항의성 질문을 하였다. "학장께서는 학생등록금이 대학 재정의 몇 퍼센트를 차지한다고 생각하나요?"라고 되물으니 "학장이 왜 그런 계산을 하나요?" 하며 대답을 못 하였다. 대학 포함 모든 단위기관이 예산을 설명하고 심의를 거쳐 승인받는 절차를 시행하면서, 대학장과 병원장이 직접 예산을 설명토록 하였다. 학장들도 대학등록금이 대학 재정에 얼마나 기여를 하는지 파악하고 대학 살림살이를 걱정하기 시작하였다.

나는 1967년 연세대학교 의예과 입학 후 2014년 연세의료원을 떠날 때까지 군의관 생활 3년을 제외하고 44년간 한곳의 일터에서 일했다. 정년퇴임 때까지 내가 의예과 학생 때 밟고 다니던 계단을 밟고 다녔다. 이 얼마나 행복하고 복 많은 사람인가?

이 책은 의사 생활 이외에 14년간 의료행정에 몸담았던 기록들이다. 이런 기록이 병원 종사자나 의료원 후배들에게 도움이 되기를 바라며 정리하였다. 혹시 다른 분야에서 치열하게 경쟁의 삶을 사는 경영인들에게도 도움이 될 수 있다면 더욱 기쁘겠다.

책 제목 결정에 도움을 준 드라마 바이블 프로덕션Drama Bible Production 문애란 글로벌헤드Global Head와 이기복 목사께 감사드리고, 책 출간에 좋은 의견을 주신 고려대 김진영 교수께도 감사를 드린다. 특히 집필 내용을 확인하기 위해 애써 준 연세의료원 교직원들에게도 고마움을 전한다.

목차

사진: 박기호

part **2**

어쩌다 병원장

part **1**

바보야, 병원은 디테일이야

01

하드웨어 경영

병원은 공사 중

의료원은 워낙 오래된 건물이 많고 신축되는 건물도 있기 때문에 크고 작은 공사가 거의 365일 일어난다. 세브란스 새 병원이나 암병원 같은 대형공사에서 공기 내에 공사를 완성시키는 것은 매우 중요하다. 공기가 연장되면 건설회사에 유지관리비를 더 지불해야 한다는 것도 문제지만, 개원 지연에 따라 진료가 늦어져 병원 수입이 감소하는 것은 더 큰 문제이다.

병원 공사의 공기가 지연되면 지출이 늘고 수입이 감소하는 이중적 손실이 발생한다. 그리고 공사 중에 설계변경이 있으면 그만큼 공사비가 증액된다. 설계대로 진행되는 공사는 계약 시의 입찰가격으로 공사단가를 지불하지만, 설계변경이 되는 부분은 계약한 단가로 지불하는 것이 아니고 건설회사가 제시하는 단가로 공사비를 지불해야 하기 때문이다. 이때 건설회사는 설계변경분의 공사에서는 계약 시 단가보다 높은 단가를 요구한다. 실제로 시공사가 발주처로 하여금 설계변경을 유도하는 경우도 흔히 있다. 큰 공사든 작은 공사든 간에 공사 시작 후에는 설계변경을 최소화하거나 근본적으로 설계변경을 금지시켜야 한다. 그래야 공기 내에 건설공사를 마칠 수 있고 공사비 지출도 줄고 진료수입 손실도 줄일 수 있다.

그런데 암병원 설계를 보니 암병원과 세브란스 새 병원 본관 사이를 연결하는 브리지가 눈에 거슬렸다. 두 건물 사이의 거리가 160여 미터쯤 되어 엄청나게 긴 연결통로가 두 병원 사이를 가로지르는 것이었다. 연결통로가 설계대로 놓이게 되면 병원 경관을 매우 해칠 듯했다. 새 병원의 전면 경관이 두 쪽으로 나뉘어 세브란스 새 병원의 위용이 크게 훼손될 지경이었다.

공정회의 보고는 더욱 당혹스러웠다. 연결통로 기초공사를 하려면 병원 원내 차량통행이 약 반년 동안 금지된다는 것이었다. 세브란스병원에는 여러 전문병원들이 독자적인 건물을 가지고 있는데 차량통행이 금지되면 환자들의 여러 진료과 협진이 어려워진다. 더 심각한 문제는 미래에 신촌지역 의료원 전체 지하공간을 주차장화시켜 진료 지원시설로 이용하려는 장기계획에 차질을 가져오게 된다는 것이었다. 연결통로의 기초가 지하 면적의 중앙에 위치하기 때문에 만약 지하공사를 하다가 연결통로 기초부위에 손상을 주게 되면 연결통로 안전이 위험하다는 평가도 있었다.

현재 의료원 신촌캠퍼스의 주차 가능 대수는 3,200대가량 된다. 환자 내원이 많을 시에는 연세대학교 캠퍼스에 위치한 백양로 지하주차장의 800대 주차공간도 확보하고 있으니 총 4천 대의 주차공간이 마련되어 있는 셈이다. 아마도 이렇게 엄청난 주차시설을 확보하고 있는 의료기관은 없으리라 생각된다. 과거에는 주차를 못 해서 지하주차장에서 한참 헤매다가 진료를 포기하고 가는 일들도 있었다. 그러나 환자들은 대중교통을 이용하기가 어려워 주차장은 아무리 많이 확보하여도 늘 부족할 것이다. 그래서 장기적으로는 의료원 신촌지역 전 캠퍼스의 지하공간을 활용하는 계획이 필요하다.

이렇게 여러 문제를 가지고 있는 세브란스 새 병원과 암병원 연결 브리지의 공사를 하지 않아도 되는 멋진 대안을 찾아냈다. 암병원과 세브란스 새 병원 사이의 옆면에 직각으로 위치한 제중관이었다. 제중관은 세브란스병원이 서울역 앞에서 신촌으로 이전하면서부터 입원실로 사용한 역사적인 건물이다. 제중관과 세브란스 새 병원을 연결하는 짧은 연결통로와, 역시 제중관과 암병원을 연결하는 아주 짧은 연결통로만 있으면 이 세 건물이 서로 연결되는 것이다. 설계변경이긴 하여도 계획된 160여 미터짜리 연결통로 공사를 취소하는 설계변경이어서 공사비용도 줄일 수 있고 공사기간도 단축할 수 있는 여건을 만든 것이다.

이렇게 세 개의 건물이 연결되니 세브란스병원 산하의 모든 병원, 즉 남쪽 입구에 있는 연세암병원부터 의과대학, 치과대학, 치과병원, 그리고 제일 북쪽에 위치한 에비슨의생명연구센터까지 11개의 건물들이 지상이나 지하로 모두 연결되게 되었다. 유럽에 가면 비를 맞지 않고 쇼핑을 할 수 있도록 건물 보행통로가 지붕과 함께 연결되어 있는 것이 부러웠는데 세브란스병원 환자들도 비를 맞지 않고 여러 진료과를 협진할 수 있게 된 것이다. 의료원 직원들도 여러 건물을 방문할 때 비와 추위와 더위를 피할 수 있으니 직원들 입장에서도 기쁜 일이었다.

미국의 클리블랜드클리닉 방문 시 병원과 병원 구내의 메리어트 호텔 연결통로가 아주 멋지게 디자인된 것이 무척 부러웠다. 암병원 5층에서 제중관과 연결되는 통로에 환자 대기공간을 만들고 쾌적한 쉴 공간으로 조성하였다. 5층에 위치한 공간이므로 구병원의 지붕이 보인다. 지붕과 옥상들을 새로 채색하고 정원으로 가꾸면 환자들의 눈이 좋은 경험을 하리라고 생각한다. 이런 꿈을 후임 행정책임자들이 이루어 주었으면 하는 바람이 있다. 세브란스 새 병원 옥상에서 내려다본 의료원 산하 13개 건물의 지붕과 옥상 색깔이 제각각 달라서 동일한 초록색으로 재단장했던 기억이 새롭다.

연세암병원 설계에 따르면 건강검진센터가 암병원 외래에 위치하고 있었다. 건강검진센터를 서울역 앞 세브란스빌딩으로 이전하는 설계변경을 하였다. 이것은 암병원 공사 초기에 결정하여 공사 공기에는 영향이 없었다. 암병원은 개원하자마자 환자가 몰려들어 암병원 전체를 온전히 암환자들만 사용하기도 부족한 상황이 되었기에 건강검진센터를 이전하기로 한 설계변경은 적절한 조치였다고 생각된다.

암병원 공사 초기에만 설계변경을 허용하고 공사 중반부터는 설계변경을 일체 허용하지 않았다. 마찬가지로 같은 시기에 공사를 하였던 에비슨의생명연구센터도 공사 중반부터는 설계변경을 허용하지 않았다. 의료원 내 건축공사는 보통 6개월, 길게는 1년 정도 지연되는 것이 관행이었는데 의료원 역사상 처음으로 두 건물, 즉 연세암병원과 에비슨의생명연구센터가 계획된 공기 내에 건축을 마칠 수 있었다. 재정적인 면에서 공사비 지출이 줄어듦은 물론, 암병원 개원을 예정대로 할 수 있어 개원 지연에 의한 병원 수입 감소도 발생하지 않았다.

병원 입구를 명동처럼

2005년, 5만1천 평의 세브란스 새 병원 본관이 개원했다. 그전까지 대학을 포함한 대부분의 병원건물은 지은 지 40년이 넘은 오래된 건물이었다. 본관 개원하기 한참 전, 구병원 시절에 있었던 일이다.

병원 입구 외래 건물의 도로변에 위치한 진료공간이 비게 되었다. 병원 정문과 인접하지만 전면이 아닌 측면에 위치하여 환자들의 접근이 용이한 곳이 아니어서 환자진료시설로는 더 이상 이용하기 어렵다는 판단이 들었다.

병원경영을 위한 아시아지역 병원관계자 연수회의 참석차 싱가포르를 방문한 적이 있다. 자본개방형 병원인 래플즈Raffles

병원과 싱가포르 최대 병원기업 파크웨이그룹 산하 글렌이글스 Gleneagles 병원의 로비가 떠올랐다. 지금은 많은 우리나라 병원들이 환자편의시설을 병원 내에 두고 있지만, 약 20년 전 당시에는 싱가포르의 병원 로비에 샌드위치 등을 파는 식당과 커피숍 같은 환자편의시설이 들어서 있는 것이 충격적이었다. 병원에도 이런 편의공간이 있을 수 있구나!

싱가포르의 병원처럼 세브란스병원도 외래 입구 빈 공간을 환자를 위한 편의시설로 이용하면 좋겠다는 희망을 품고, 그 꿈을 실현하기 위한 구체적인 작업에 착수하였다. 그런데 당장 어떤 업종을 어떤 방법으로 입점시켜야 할지 막막했다. 환자들도 이용하겠지만 의과대학 학생이나 간호사, 병원 직원들도 이용할 수 있는 위치였다. 비교적 넓은 공간이고, 병원에 출입하는 차량들도 오가는 도로에 인접한 장소였다. 고민 끝에 햄버거나 닭요리와 같은 업종을 생각하고 입찰을 실시한 결과, 당시 인기가 높았던 버거킹과 파파이스가 입점업체로 선정되었다.

계약조건은, 계약기간이 지난 후에 매장을 쉽게 인계받을 수 있도록 개인의 프랜차이즈 운영이 아닌 본사 직영을 조건으로 했다. 그리고 병원으로서는 외부업체에 임대를 해본 경험이 없었기에 두 가지 방법, 즉 매장 한 곳은 매출에 비례한 수수료로 임대하고, 한 곳은 월 임대료를 받는 것으로 결정하였다. 이렇

병원 입구의 식당

게 임대 경험을 쌓아 가야 우리도 장차 더 큰 임대매장을 운영할 수 있을 것이라 생각했다.

임대업체 공사가 한창 진행 중에 예기치 못한 일이 발생했다. 두 업체 모두 화재위험 등으로 전기를 사용해 냉동식품을 저장·해동하고, 가스 대신 전기를 이용해 기름을 가열하여 조리를 했기 때문에, 엄청난 양의 전기가 필요했던 것이다. 필요한 전기량이 의대 건물 전체가 사용하는 전기량과 맞먹을 정도여서 전기공급 변전소 용량을 늘려야만 했다.

임대매장 바로 위층에는 의무기록실이 위치해 있었다. 당시에는 전산화가 이루어지지 않아 방대한 양의 종이 의무기록을 보관하고 있었던 곳이다. 의무기록실장을 수차례 설득하여 의무기록실을 축소하고 그 자리에 변전소를 증설해 위기를 모면하였다. 당시 좁은 공간에서 불편함을 감수하며 병원의 정책에 협조하여 준 의무기록과 직원들에게 감사할 따름이다.

드디어 오래된 병원 입구에 당대 유행의 첨단이었던 두 식당이 오픈하는 날. 많은 사람들이 인산인해로 줄을 서서 식당을 이용했다. 특히 의과대학 학생들이 많이 이용하는 것 같았다. 소아과 강의를 위하여 의대 강의실로 들어서니 칠판에 "미국 자본의 앞잡이 식당 입점을 반대한다!"라는 글이 눈에 들어온다. 강의 시작 전 학생들에게, 학생들 뜻이 이렇다면 입점한 업체를 당장 퇴출시키겠다고 하니 모두 한소리로 합창을 한다. "안 됩니다, 안 됩니다. 우! 우!" 이렇게 학생 때는 속마음과 다른 이념적 사고가 멋있게 느껴지는가? 그런 생각을 하며 학창시절의 나도 우리 후배들과 같은 생각을 했던 기억이 떠올랐다.

어느 날 교수 한 분이 찾아와서 이렇게 말씀하시던 기억이 난다.

"우중충하던 병원 입구가 명동처럼 환하게 변했어요!"

당시 기획업무를 막 시작한 햇병아리 기획관리실장이 추진하던 새로운 변화를 믿어 주고 힘을 실어 준 세브란스병원 강진경 원장님과 한동관 의료원장님께 고마운 마음이 앞선다.

병원 예산을 들이지 않고 최신 인테리어를 갖춘 식당을 입점시켜 일거에 환경도 개선하고, 상가와 거리가 멀어 섬처럼 격리되어 점심 먹거리가 고민이었던 교직원과 환자들이 다양한 식당을 이용할 수 있게 되었다. 물론 병원의 임대료 수입도 늘어 일거삼득이 되었다.

24시간 편의점 혁명

세브란스병원은 다른 병원과 달리 외딴 섬과 같은 곳이다. 신촌 지역의 상가나 병원 근처 상가를 가려면 8차선 자동차 왕복도로를 건너서도 철길 밑 굴다리로 한참 도보이동을 하여야 한다. 그런데도 세브란스 새 병원을 개원하기 전에는 병원 내에 매점이라고는 연세의료원 신용협동조합이 운영하는 10평도 채 안 되는 아주 작은 매점이 유일했다.

매점 위치는 병원 내부 깊숙한 곳에 있어 찾기도 어려웠다. 대량구매를 못 하기 때문에 물건값이 비싸고, 개점시간은 늦고 폐점시간은 이른 데다 일하는 직원까지 불친절하여 이용하는 교직원들 간에 원성이 대단했다. 특히 입원환자 보호자는 야간에 필요한 물건이 생기면 집에 전화하여 다른 보호자가 외부에서 물건을 구입해 병원을 방문해서 전달해 주는 일도 많았다.

당시 병원 입구에 두 곳의 전문식당 임대를 경험한 터라 매점 운영을 개선하여 입원환자와, 특히 입원환자 보호자가 편하게 이용할 수 있는 24시간 편의점을 들이면 어떨까 하는 생각이 들었다. 마침 병원 경영개선의 일환으로 두 곳의 입원원무과가 한 곳으로 통합되면서 한 곳 원무과가 이동해 간 자리가 빈 공간이 되었다. 입원원무과가 위치했던 곳이라 입원환자나 교직원이 이용하기에 접근성이 뛰어난 자리였다. 상점의 승패에는 목이 제일 중요하다 하지 않았던가!

역시 본사 직영 조건으로 입찰을 시행하니 임대면적이 10평 조금 넘는 아주 협소한 공간임에도 우리나라에서 영업 중인 유명 24시간 편의점들이 앞다투어 입찰에 응하는 것을 보고 적잖이 놀랐다. 유동인구도 많지 않은 병원이라 입찰업체가 없으면 어쩌나 걱정했던 것은 기우에 불과했다.

임대업체를 결정하고 공사를 시작하려는데 문제가 발생했다. 24시간 편의점의 최소 매장 크기는 18평인데 준비되는 공간은 12평 남짓했던 것이다. 6평을 더 구해야 했다. 바로 옆 공간에 6평 정도의 진단검사의학 검사실이 위치해 있었는데 이곳을 다른 데로 옮길 수밖에 없었다. 대체 공간을 마련한 후 진단검사과장을 만나 설득을 시작하니 전임 과장과 달리 신임 과장께서는 선선히 병원을 위해 검사실을 이전하겠다고 했다. 동료 교수들의 반대를 무릅쓰고 병원을 진정으로 사랑하는 마음으로 용단을 내린 당시 진단검사의학과장 교수께 감사한 마음을 전한다.

산 넘어 산이다. 24시간 편의점 입점에 또 다른 문제가 생겼다. 신용협동조합은 조합이 사업을 해서 그 이익을 조합원에게 배당하는 영업구조이다. 대부분의 직원이 신용협동조합 조합원이었기 때문에, 조합의 주요 수입원이던 매장을 철수하라고 하니 연말에 신협 배당금도 줄어들어 직원들이 반가워할 리가 없었다. 이를 간파한 노동조합위원장이 대강당에 조합원들을 전부 모이게 하고 신협 매장 철수를 반대하는 신협 총회를 개최하였다.

그러나 노동조합위원장의 기대와는 달리 신협 조합원들은 매장 철수 찬반투표에서 매장 철수를 의결해 버렸다. 병원 당국도 놀라고 노동조합위원장은 더 놀랐다. 그간 직원들이 신협 매장 이용에 불편함을 많이 느꼈던 것인지, 배당이익도 포기하고 전문업체 입점을 찬성한 것이다.

드디어 24시간 편의점을 개점했다. 이용고객이 많아 줄이 늘어서자 좁은 18평 매장에 물건계산대가 두 곳이나 설치되었다.

매장에 진열한 상품이 너무 빨리 소진되어 하루 세 번 물건을 새로 진열해야 했는데, 업체에서는 물건 저장을 위한 창고가 따로 없어 큰 어려움을 겪었다. 그러나 병원 어디에도 편의점 창고로 쓰도록 내줄 만한 자리가 없었다. 그러자 업체는 배송트럭을 매장 근처에 상주 배차하여 창고를 대신해 매장 물건을 공급하면서 창고 부재 문제를 스스로 해결했다.

편의점은 인테리어에 큰 비용이 들어가지 않고, 주된 투자는 상품진열대와 냉장시설 정도가 전부다. 업체가 교체되어도 매장을 바꾸는 준비기간이 짧다. 그래서 편의점의 계약기간을 2년으로 하고, 2년마다 입찰을 통해 새로운 업체를 입점시켰다. 세브란스병원 새 병원 개원 전까지 입찰을 통하여 업체가 세 번 바뀌었는데, 마지막 업체는 연간 10억 원 가까운 수수료를 내고 입점하였다. 18평의 임대매장에서 나오는 수수료 수입이 수십 개의 병실에서 얻는 수익보다 컸다. 이렇게 구건물에 있었던 임대식당과 편의점의 수수료 수입은 세브란스 새 병원 건축비용에 큰 기여를 하게 되었다.

역설적으로, 병원은 의료보험 수가로는 감가상각에 따른 새 병원건물 건축도 어렵고, 소모품의 성격을 지닌 수십억짜리 첨단 의료장비를 갖추기도 힘들다. 실제로 병원 건축과 새로운 장비 구입을 위한 재원은 진료가 아닌 진료 외 수입에 의존하는 비참한 현실이다. 그래서 우리나라 의사들은 실력은 세계 최고 이지만, 이러한 의료진이 일하는 병원의 여건은 의료진의 수준과 국민의 기대에 훨씬 못 미치는 것이다.

국민들에게 좋은 병원건물에서 훌륭한 진료를 제공하려면 싱가포르 같은 자본개방형 병원 제도가 도입되어야 한다. 대규모 펀드들에게 편리한 시설과 좋은 장비를 갖춘 병원에 대한 투자를 유도하여 지방 곳곳에 많은 병원이 생겨나도록 하고, 서울 몇 개의 대학병원에 환자 쏠림 현상이 일어나지 않도록 해야 한다.

로비를 커피 향으로 가득 채우다

환자는 많이 고달프다. 검사를 위해 기다리고, 주치의를 만나기 위해 기다리고, 기다리다 다리가 아파도 어디 편하게 앉아 쉴 곳도 없다. 진료를 마치고 귀가하기 전에 마음 편히 앉아서 느긋하게 차라도 한잔 마실 아늑한 공간이 필요하다.

세브란스 새 병원 설계도를 보니 다행히도 병원 로비층의 절반 이상을 환자와 직원을 위한 공간으로 할애하고 있었다. 그러나 직원을 위한 탈의실과 식당이 위치하다 보니 환자를 위한 편의시설 공간은 충분치 않았다. 직원 탈의실이 구태여 새 병원 로비층에 있어야 할까? 공간 사용의 효율성이 떨어지는 직원식당이 로비층에서도 외부에서 가장 눈에 잘 띄고 환자의 접근성이 좋은 성산대로 쪽에 있을 이유가 무엇인가? 이러한 의문이 생겼다.

병원 건축공사 중에는 매주 건축 공정회의가 열렸다. 건축 공정회의에서 직원 탈의실을 구 병원건물에 마련하자고 제의하였다. 직원들의 식사도 직원 전용식당이 아니라 환자편의시설에 입점하는 식당에서 직원할인으로 이용하는 방법으로 변경하자고 제안하였다. 직원들도 직원식당에서 짜여 있는 단일 메뉴 식사를 매일 반복하는 것보다 다양한 입점업체 식사를 이용하는 것을 더 선호하리라 생각하였다.

건축 공정회의에서 많은 토의 끝에 직원 탈의실은 구 병원건물에 마련하고 직원식당은 입점업체 전문식당에서 직원할인으로 대체하는 방안이 승인되었다. 그리고 새 병원 로비층의 탈의실과 직원식당 자리에 환자를 위한 편의시설을 대폭 확장하도록 하여, 실평수 1천 평에 해당하는 대규모 공간이 마련되었다.

일반적으로는 병원 로비층에 외래환자가 가장 많은 메이저 진료과를 배치하는 것이 상식이다. 당시 편의시설은 지하에 두는 것이 일반적인 생각이었고, 발상의 전환을 한다면 건물 최고층에 두는 것이 혁신적인 변화로 취급되던 시절이었다. 병원 로비에 대규모 환자편의시설을 둔다는 것은 상식을 과감하게 깨뜨리는 파격 중의 파격이었던 것이다.

싱가포르의 래플즈병원과 글렌이글스병원처럼 로비에 환자 편의시설을 두고 싶다는 꿈이 우리 병원에서 훨씬 큰 규모로 실현될 날이 머지않았다. 드디어 병원을 들어서면 알코올 소독약 냄새 대신 커피 향을 맡을 수 있는 공간이 마련된 것이다.

그다음 고민은 '천 평이나 되는 이 넓은 공간을 어떻게, 그리고 무엇으로 채울 것인가' 하는 것이었다. 구 병원건물에 두 곳 식당 100여 평과 10여 평의 편의점을 임대한 경험이 전부였는데! 병원에서 그동안 시도해 본 적 없는 대규모 편의시설 운영이 큰 걱정으로 다가왔다.

당시에는 병원에 자판기 하나 운영하면 한 가정의 생활비가 나온다는 우스갯소리가 있을 정도였다. 새 병원건물에 대규모 편의시설이 마련된다는 소문이 돌자 여러 곳에서 입점을 희망하는 요청들이 들어오기 시작했다. 연세대학교재단에서도, 그리고 연세대학교 체육부 등에서도 요청이 있었다. 체육부의 요청이란 이런 것이었다. 그해 졸업하는 고등학교 운동선수 중에 꼭 스카우트를 하고 싶은 선수가 있는데, 그 부모가 병원에 편의점이라도 하나 마련해 달라고 요구한다는 이야기였다. 개인적으로도 커피숍을 운영하게 해주면 그 이익을 나누어 주겠다는 청이 들어오기도 했다.

난감했다. 잘못하다가는 임대 과정에 담당직원들이 유혹에 노출되어 불미스러운 일이 생기지 않으리라는 보장이 없었다. 그리고 병원의 전문분야는 환자진료이지 임대업이 전문이 되어서도 안 되며, 병원 담당직원들은 입점업체 매장 구성을 어떻게 해야 하는지도 잘 모르는 사람들이다. 결국 매장 전체를 전문업체에 일괄임대, 즉 턴키turn key로 운영하게 하고 병원은 수수료 수입을 얻기로 하였다. 인테리어 공사에 큰 경비와 시간이 필요하지 않은 24시간 편의점과 달리 푸드코트나 전문식당 등 대규모 편의시설은 내부공사에 큰 비용과 오랜 기간이 필요하므로 임대기간은 5년으로 정했다.

세월이 지나면서 편의시설을 운영하는 전문업체가 몇 차례 바뀌었다. 업체가 바뀌면서 매장 구성에 대하여 몇 가지 임대 노하우를 터득하게 되었다. 어떤 업체는 큰 매장을 전부 자체 브랜드로 채우지 못하여 전문식당들을 외부업체에 재임대를 준다. 이렇게 입점한 외부업체는 수수료가 높아 좋은 서비스를 할 수 없게 되니, 되도록 자체 브랜드를 많이 가진 업체가 선정되도록 해야 한다.

또 일괄임대를 한 대기업의 전문업체는 계약기간이 끝나면 당연히 매장을 철수하는데, 재임대를 받은 외부업체는 계약기간과 관계없이 계속 영업을 하겠다고 떼를 쓰는 경우도 발생한

로비에 입점한 베이커리와 카페 덕에 소독약 냄새 대신 커피 향을 맡을 수 있게
되었다.

다. 이런 문제가 생겼을 때 병원이 직접 계약한 것이 아니었으
므로 계약 당사자인 대기업에서 잘 처리를 해주어 다행이었지
만, 만약 병원이 계약자였으면 막무가내 떼를 쓰는 경우 속수무
책이 될 뻔하였다.

　임대업체를 입찰로 진행하다 보면 탈락 업체가 불만을 가지
게 되고, 근거 없는 모함이 생길 수도 있다. 그래서 임대업체 선
정 과정을 투명하게 하기 위하여 선정위원회를 구성하고, 선정
위원은 병원의 편의시설 관련 직원, 즉 영양팀, 총무팀, 시설팀,
기획팀 등으로 구성하였다. 심사표는 자체 임대매장 구성비율,

업체 인테리어 평가, 입점 업종 구성, 마지막으로 임대 수수료율 등으로 작성하였다.

　매 입찰 시마다 우리나라 관련 대기업들이 대부분 입찰에 참여했기 때문에 시간은 하루 종일 소요되었는데, 설명회와 위원회 평가가 끝나면 당일 저녁 채점표를 합산하여 최고 점수를 얻은 업체에게 당일 선정을 통보하도록 하여 선정 과정에서 일어날 수 있는 잡음을 원천 봉쇄하였다.

환자의 니즈를 생각하다

2014년 새로 개원한 3만2천 평의 연세암병원에도 약 600평의 환자편의시설이 들어서게 되었다. 신촌 세브란스병원 캠퍼스 전체에 마련되는 환자편의시설이 거의 2천 평 규모가 되는 것이다.

세브란스 새 병원 본관 건물에는 주로 전문식당과 푸드코트 등이 입점하였지만, 암병원은 세브란스병원 캠퍼스 초입에 위치하기 때문에 본관 건물과 동일한 업종의 식당보다는 환자들에게 다양한 종류의 편의시설을 제공하기 위하여 제과점, 간단한 스낵류, 김밥, 아이스크림, 떡집과 전문 커피 매장 등을 입점시켰다. 그리고 암병원 7층 루프 가든 형태의 정원 공간에 고급

식당도 유치하여 다양한 먹거리가 가능하도록 하였다.

매장 구성을 달리하여 환자들에게 다양한 서비스를 드리는 것도 중요하지만, 또 한편으로는 두 곳의 운영업체를 달리하여 한 곳의 편의시설이 노사문제 등으로 운영을 못 하게 되면 남아 있는 한 곳을 통해서 계속 환자들에게 좋은 서비스가 제공될 수 있도록 하기 위함이었다.

환자를 문안 올 때는 대개 주스 등 마시기 편한 물품을 구매한다. 환자 문안 시 간편한 바람막이 점퍼를 선물하면서 "빨리 회복하여 나하고 등산 갑시다."라고 격려한다면 받는 환자들이나 주는 이들 모두 좋아할 것 같았다. 영원무역 성기학 회장을 만나 이런 제안을 드렸더니 그 자리에서 당장 좋은 생각이라며 본사 직영매장을 암병원 임대매장에 입점시키겠다고 승낙하였다.

암병원에 들어선 다양한 편의시설

　안타깝게도 얼마 전 암병원을 방문하니 당시의 스포츠의류 매장은 사라졌다. 성기학 회장께서는 세브란스병원을 워낙 사랑하셔서 큰 기부도 하시는 분이지만 최저임금 인상 등으로 스포츠의류 매장의 적자가 심하다 보니 끝내는 철수를 하신 모양이었다. 아무리 좋은 뜻이라도 적자를 보면서까지 운영하기는 힘들 것이다.

　암환자들은 탈모가 되어 가발이 필요하고 독한 항암제로 인하여 아름다운 과거의 얼굴 모습을 유지하기가 어렵다. 그런 환자들을 위하여 화장품회사를 입점시키기로 하였다. 우리나라 최대 화장품회사 회장이 연세대 동문이시기에 직접 암병원 입점 권유를 하였다. 화장품회사는 생산 화장품 브랜드가 고가부터 중저가까지 다양하지만 편집매장은 운영하지 않는 것이 원칙이다. 암병원은 화장품 매장을 넓게 제공할 수 없어 다양한 브랜드별로 단독매장을 줄 형편이 되지 못했다. 암병원의 특수 사정을 이해하게 된 회장의 특별지시로 화장품 편집매장이 들어서게 되었다. 화장품 매장이 들어오니 환자뿐 아니라 젊은 간호사들이 출퇴근 때 들르는 주요 고객이 되었다.

신촌 세브란스병원 캠퍼스의 유동인구는 외래환자, 입원환자와 보호자, 1만 명의 직원, 그리고 의대·치대·간호대 학생들까지 합하여 하루 약 3만 명에 이른다. 과거 세브란스병원 교직원들은 점심시간이 되면 모두가 직원식당을 이용할 수 없어 대거 병원 밖으로 점심을 먹기 위하여 이동했다. 한순간이라도 환자 곁을 떠나기 어려운 간호사나 전공의 그리고 환자 보호자들은 병원 외부에서 배달음식을 시켜 먹었다. 점심시간이 되면 중국식당 배달 오토바이가 줄을 이어 병원으로 들어오고 수위들은 여러 곳에 흩어져 있는 병원 출입구에서 이들의 출입을 막기 위한 전쟁을 치르는데, 배달원들은 이런 장벽을 뚫고 용케도 주문한 음식을 신속 배달하는 것이 놀라웠다.

병원 내에 대규모 편의시설이 개점한 후 중국집 배달원들의 모습이 보이지 않게 되었다. 무리를 지어 병원 밖으로 쏟아져 나가 점심식사를 하던 직원들 모습도 볼 수 없게 되었다. 원내 편의시설의 다양한 식당을 이용한 교직원들은 점심식사 후

본인의 자리로 돌아와 오전에 못다 한 업무를 계속하기도 했다. 점심시간의 엄청난 변화가 일어난 것이다.

편의시설 운영은 우선 외부고객인 환자들에게 좋은 서비스를 제공하지만 내부고객인 직원들의 직장에 대한 만족도도 높이는 일거양득의 효과가 있다. 편의시설의 매출이 올라가면 병원으로서는 수수료 수입이 따라 올라가니 일거양득이 아니라 일거삼득이 된다.

Mr. 표준화

IMF 구제금융 시절의 일이다. 당시 세브란스병원장 회의실에 들어가면 의자들의 색깔과 디자인이 모두 제각각이라 어수선한 느낌을 지울 수 없었다. 국가적 경제위기인 IMF 구제금융 시대를 극복하기 위한 여러 대책들 중 하나로 '가구 재사용'의 정책이 있었다. 누구보다 절약을 솔선수범해야 하는 병원장실이 이런 시책에 적극 협조하여 여러 사무실에서 교체되어 나오는 의자들을 가져다가 회의실에서 사용했다. 그런데 당시에는 병원 내 가구들이 표준화되어 있지 않았던 터라 그렇게 제각각의 색깔과 모양의 의자 조합이 탄생한 것이다.

　가구의 색상이나 디자인은 개인의 취향에 따라 선호도가 판이하게 다르다. 병원이나 대학에서 교수들에게 지급하는 가구도 개인의 취향에 따라 호불호가 나뉘기 때문에 구매부서는 가구 구매에 애로사항이 있었다. 그래서 그들은 새로 교수가 취임하면 중소 가구업체 카탈로그를 가지고 가서 본인들이 직접 가구를 선택하게 하였다. 이렇게 가구를 구매하다 보니 교수실마다, 회의실마다 디자인과 색상이 다른 가구와 의자들이 구비된 것이다. 이렇게 되면 가구가 표준화되지 못하고, 매번 다른 중소업체 가구를 구매하다 보니 AS도 제대로 받기 어렵다. 더군다나 소량의 가구를 때마다 구매하니 단가도 비쌀 수밖에 없다.

새 병원 개원 전 구건물 외래진찰실에 있던 가구는 병원 목공실에서 자체 제작한 30년이 넘은 낡은 가구들이었다. 병원건물도 낡았는데 가구도 거의 골동품 수준이었다. 건물은 낡았더라도 큰 경비 들이지 않고 분위기를 쇄신할 수 있는 것이 가구 교체다. 가구 시범교체 작업으로 산부인과 외래진찰실의 가구를 우선 교체하기로 하였다.

인테리어 업자를 선정하여 맞춤가구 형태로 진행하였다. 그런데 가구 납품 당일, 진찰실 외래 의자가 불만족스럽다고 여기저기서 교체를 요구한다. 납품업체는 이미 사용한 가구라 교체가 안 된다고 한다. 난감하였다. 60개가 넘는 외래진찰실의 가구를 이런 방식으로 교체한다는 것은 시간도 오래 걸리고, 각

과마다 요구하는 까다로운 조건을 맞추어 주는 것이 불가능하다고 생각되었다. 우리나라 사무실가구 1위 업체의 부회장을 하는 친구에게 이런 사정을 의논하니 최고 품질의 대기업 가구를 공장도 가격으로 공급하겠다고 한다. 공장도 가격으로 납품하는 것은 창사 이래 전무후무한 제안이라고 했다.

교수들이 출입하는 의과대학 로비에 진찰실 가구 쇼룸을 만들었다. 선택의 자유를 주기 위해 A형과 B형 두 종류를 전시하고, 신청용지에 신청을 하도록 하였다. 컴퓨터 키보드 위치와 이동형 서랍 배치 위치 등등을 표기하도록 하는 등 매우 세세한 신청서 양식을 준비했다. 쇼룸을 통한 60여 개 진찰실의 외래 가구 신청이 끝나고, 표준화된 가구의 설치작업이 단 2주간의 주말을 통해 완료되었다. 맞춤가구 식으로 가구 교체를 진행하였다면 시간이 몇 배나 더 걸리고 가격도 훨씬 고가이며 만족보다는 불평이 더 많았을 것이다. 각 진료과의 신청서대로 가구를 설치하였기 때문에 불평은 한 건도 없었다.

가구 표준화의 장점은 여러 가지다. 구입가격도 맞춤가구의 3분의 1로 절약할 수 있고, 특히 제품의 질이 좋고 AS도 철저하게 주기적으로 받을 수 있다. 과거 중소업체 가구는 의자의 바퀴가 쉽게 고장 났지만 AS가 전혀 되지 않았다. 이렇게 표준화된 외래진찰실 가구는 새 병원 준공 후 이사를 할 때 그 가치가 완연히 드러났다. 어떤 방에 어떤 가구를 배치하여도 일관성 있는 색상과 모습을 유지했던 것이다. 세브란스 새 병원 준공 후 구병원 외래를 허물 때 보니, 고가의 맞춤 붙박이 가구인 산부인과 외래 가구는 재사용이 안 되어 불도저에 의해 건물 잔해와 함께 부서져 나가는 모습이 너무나 안타까웠다.

가구 구매에는 철학이 필요하다. 가격 우선으로 갈 것인가? 표준화로 갈 것인가? 현장 주문대로 인테리어 개념의 맞춤식 가구로 갈 것인가? 잦은 고장으로 수리가 필요하고 구입 후 많은 경비가 드는 AS를 구매조건으로 크게 고려할 것인가? 가구는 한번 구매하면 10~20년 사용하는 내구성 물품이다. 구입단가가 낮은 것만 고려할 것이 아니라 내구성과 구입 후 AS 비용과 AS를 위한 인력낭비를 반드시 고려하여 결정하여야 한다.

병원이나 대학 건물에는 층마다 화장실이 있다. 화장실이 고장 났을 경우 수리공사는 응급이라 몰아서 한 번에 할 수 없고 매번 입찰을 통하여 소규모 공사를 하게 된다. 그러다 보니 층마다, 화장실마다 위생변기의 제조회사가 상이하여 구입단가도 높고, 모습이 통일되지 못하고, AS에도 큰 애로가 있었다.

한 의대 교수의 형님이 미국 다국적기업 위생도기 회사의 대표이사란 소문을 듣고 교수를 통하여 대표이사에게 담당자를 보내 달라고 요청하였다. 담당자에게 의료원 공사의 위생도기는 의료원 지급자재로 할 것이니 가격견적을 달라 하니 그 자리에서 공장도 가격으로 공급하겠다고 하는 것이 아닌가. 대표이사 허락도 없이 공급단가를 실무자가 결정하는 것이 가능한가 물었더니 외국계 회사라서 가능하다고 한다. 병원은 다중이용시설이라 홍보효과도 있기 때문에 공장도 가격으로 공급할 수 있다는 것이었다. 그 후 세브란스 새 병원과 암병원까지 의료원 캠퍼스 내의 위생도기는 표준화가 되어 구입가격도 저렴해지고 확실한 AS를 받을 수 있게 되었다.

병원의 가장 흔한 의료장비 중의 하나가 환자용 감시장치다. 1년에 폐기되고 신규신청하여 구매하는 감시장비가 200대가 넘는다. 병원의 여러 진료과에서 환자 감시장치가 각각 신청되다 보니 10여 개가 넘는 여러 회사의 다양한 제품이 구매돼 사용되고 있었다. 제품사양이 다양하여 사용하는 의사나 간호사들이 감시장치 사용에 어려움이 컸다. 구매부서는 구매부서대로 수시로 소량의 감시장치가 신청되다 보니 그때마다 신청부서가 요구하는 장비 스펙을 작성하고 입찰을 진행했다. 행정력 낭비가 심했다. 이런 복잡한 구매과정을 거쳐 임상과에서 장비를 신청한 후 설치되기까지는 장장 9개월의 시간이 소요되었다.

감시장비를 가장 많이 사용하는 전문가인 마취과장과 의논하여 감시장비를 두 종류로 표준화하기로 했다. 한 종류보다는 두 종류가 현장 진료부서의 다양한 요구를 충족시킬 수 있다고 생각하였기 때문이다. 1년 구매 수량을 200대로 보증하고 입찰을 실시하였다. 놀랍게도 우리가 원하고 가장 많이 사용하는 세계적인 감시장치 제조회사 두 곳이 통상 구매가격의 30% 저렴한 가격으로 입찰에 참여했다. 왜 계약을 하지 않겠는가?

감시장비는 본체도 고가이지만 본체와 환자를 연결하는 부속 액세서리들의 구매금액도 만만치 않다. 임상과에서 감시장치 신청서를 작성할 때 액세서리 소모품도 수량과 품목까지 기입하도록 신청서를 제작하였다. 신청서에 소모품의 수량도 기록하게 한 이유는, 구매부서에서는 진료현장의 사용 수량을 알 수 없기 때문에 과잉구매로 많은 소모품이 구입 후 사용하지 못하고 버려지는 일이 많았기 때문이다.

감시장비 표준화 결과 낮은 가격에 구매할 수 있었고, 9개월이던 구매 기간도 단축되어 신청한 지 3개월이면 감시장치가 신청 진료과에 설치되었다. 그 외에도 컴퓨터 같은 전산장비를 비롯한 많은 구매품목에서 표준화 작업을 추진한 결과, 그만 별명이 'Mr. 표준화'가 되고 말았다.

환자경험과 디테일경영

건강보험심사평가원(약칭 심평원)이 2017년 처음 도입한 '환자경험평가'는 의료서비스의 질적 수준을 환자의 입장에서 직접 평가하는 제도인데, 평가에 따른 영역별 점수를 공개하는 것은 물론, 향후는 평가결과에 따라 종합 등급화하는 방안으로 확장되고 있다. 미국 병원도 마찬가지로 'Patient Experience'를 호텔 등급과 유사하게 5스타, 4스타 등 다섯 등급으로 표기하여 환자가 체감하는 의료 질 향상과 환자 중심 의료문화 확산을 유도하고 있다.

이러한 추세가 확산되고 있는 가운데 원무매니저의 병동 전진 배치, 병원 내 편의시설 확충과 고급화, 병원 로비 카페 입점, 의료진에 대한 경영교육, 내부 고객 만족도 향상, 다양한 표준화 활동, 밝고 깨끗한 주차장 환경 개선 등은 한국에서 가장 먼저 환자경험 활동을 도입한 병원으로서의 자부심은 물론, 미국의 선도 병원과도 어깨를 겨룰 정도의 신선한 시도이다.

환자경험이란 병원경영에 있어서 하나의 새로운 경영기법이나 혁신기법이 아니라, 지금까지 철저하게 병원이나 의료진 중심이었던 진료 프로세스나 하드웨어, 소프트웨어, 휴먼웨어를 명실상부하게 환자 중심으로 흐르도록 큰 줄기를 돌리는 관점의 전환이므로, 나부터 당장 시작할 수 있는 작고 쉬운 활동들이 모여 결국 훌륭한 환자경험 병원이 되는 특징을 띤다. 즉 환자경험이 우수한 병원들의 공통점은 크고 담대한 것보다는, 작지만 세심한, 즉 디테일에 강한 특징을 갖고 있다. 위대한 기업은 디테일에 강한 법이다.

02

디테일 경영

1년 차 전공의의 작은 날갯짓

병원에 입원해 보신 분들은 잘 알겠지만, 입원환자에게 주치의의 퇴원허락처럼 좋은 소식은 없다. 구세주 같은 소식이다. 내 집의 편안한 잠자리, 그동안 먹고 싶은 걸 꾹 참아 왔던 단골 음식점의 맛난 음식들……. 당장 집으로 달려가고 싶고, 당장 가서 먹고 싶다. 그런데 이른 아침 주치의로부터 퇴원허락을 받았는데 아직 퇴원약이나 입원료 계산 등등의 절차가 남아 있다. 병실에서 주는 입맛에 맞지 않는 점심까지 먹으면서 눈이 빠지게 기다린다. 그렇게 모든 절차를 마치고 퇴원하는 시간은 대개 오후 3~4시가 된다.

전공의들이 아침회진을 준비하려면 보통 새벽 5~6시부터 움직인다. 지난밤 환자의 상태는 물론 주치의에게 전달할 혈액검사 결과, 영상의학검사 결과를 확인한다. 입원환자가 여러 병실에 입원해 있고, 심지어는 다른 건물 병동에까지 흩어져 있으면 주치의의 동선까지 계산하여야 우왕좌왕하지 않고 혼선 없이 1~2시간 소요되는 아침회진을 마칠 수 있다.

아침회진 후 주치의는 수술실이나 외래로 향하고, 전공의들은 아침식사를 위하여 식당으로 발걸음을 옮긴다. 피곤한 다리를 이끌며 허기진 배를 채우고 나서 병실로 돌아온 전공의들은 그때부터 퇴원처리 등 아침회진의 지시사항을 점검하고 처방을 내린다. 그러면 퇴원처방이 내려지는 시간은 보통 10시 이후가 되는 것이다.

그때부터 입원원무과에서는 입원비 계산을 시작하고, 약국에서는 퇴원약 조제에 들어간다. 같은 시간에 오전 외래도 시작되어 병원 약국으로는 외래환자의 약처방과 입원환자의 퇴원약, 그리고 입원 중인 환자의 약 처방전이 쏟아져 들어온다. 그때까지 한가롭던 입원원무과도 외래에서 발급된 입원장과 병실에서 내려오는 퇴원장이 밀려든다. 이렇다 보니 당연히 퇴원처리는 늦어질 수밖에 없다.

퇴원환자들이 오전에 집으로 가려면 전공의들의 행동에 변화가 있어야 한다. 그러나 전공의들에게 오전 회진시간 중에 퇴원정리를 끝내 주도록 여러 번 요청도 하고 명령도 해보았지만 허사였다. 아침식사도 못 한 전공의들에게 퇴원정리를 먼저 부탁하니 실현될 수 없는 일이었다.

마침 건강보험심사평가원에서 요구하는 간호등급을 상향시키려면 병실에 간호사를 증원해야 하는 일이 생겼다. 증원되는 간호사들의 첫 번째 업무로 아침회진 시 주치의가 퇴원허락을 하면 즉시 퇴원절차를 시작하는 임무를 부여하였다. 통상 퇴원약 처방 등의 퇴원절차는 1년 차 전공의의 몫이다. 고년 차 전공의는 이미 1년 차 전공의 시절에 하던 퇴원 업무를 졸업한 지 오래다. 주치의의 퇴원허락과 동시에 퇴원절차 시작을 미션으로 부여받은 간호사는 아침회진을 따라다니며 고년 차 전공의는 물론 전문의가 된 전임의로부터도 퇴원사인과 퇴원약 처방을 받아 내며 자신의 임무를 충실하게 수행하였다.

사정이 이렇게 되니 1년 차 전공의들도 퇴원정리는 당연히 아침시간 후 느긋하게 시작하던 습관에서 벗어나 되도록이면 아침회진 때 퇴원에 필요한 절차를 시작하려고 노력하게 되었다. 물론 교수들도 이런 사정을 알고 난 후에는 1년 차나 고년 차 전공의들의 퇴원절차 처리를 위한 시간적 배려를 하기 시작했다.

이렇게 몇 달이 지난 후, 병원에서는 놀라운 일들이 벌어졌다. 일단 대부분의 퇴원환자들이 12시 이전에 퇴원을 하게 되었다. 그러자 병실에서는 퇴원병실 청소가 오전에 이루어지고, 오후 일찍부터 신환 입원환자를 받기 위한 준비를 시작할 수 있었다. 이러한 변화는 병원 곳곳에 연쇄적으로 영향을 미쳤다.

제일 먼저, 응급실에서 병실 입원을 기다리다가 오후 늦게야 입원실로 올라가던 응급환자들이 점심 시간대에 병실로 이동할 수 있게 되었다. 자연스럽게 오전부터 응급실 병상이 비워지기 시작했다. 그러자 응급실 입장도 못 하고 변호표를 받아 밖에서 대기하던 응급환자나, 응급실 내에서도 병상이 나지 않아 의자에 앉아 기다리던 환자의 처치가 응급실 안에서 보다 순조롭게 이루어질 수 있게 되었다. 응급실의 혼잡도가 줄어들고 응급실 대기시간과 체류시간이 짧아졌다. 응급병상이 부족하여 환자를 다른 병원으로 전원하는 상황이 생기면 보호자와 자주 다툼이 일어난다. 곧 이러한 갈등도 눈에 띄게 감소하여 응급실 의료진들의 스트레스도 경감되었다.

퇴원이 오후 3~4시경 이루어지면, 병실 청소를 끝낸 후 신환 입원환자가 입실하는 시간은 보통 저녁 시간대가 된다. 신환이 많이 입원할수록 저녁 9시에 퇴근하는 낮번 간호사의 퇴근시간은 지연된다. 오후 늦은 시간 입원한 신환이라도 낮번 간호사가 처리하고 퇴근하여야 한다. 오후 9시부터 근무하는 밤번 간호사의 인력이 소수이기 때문에 신환과 기존 입원환자 모두 간호를 하기가 불가능하기 때문이다. 때문에 낮번 간호사의 늦은 퇴근으로 인한 특근수당 지출도 증가하고, 퇴근이 늦으니 간호사들의 만족도가 떨어져 퇴사자도 더 많아지는 것 같았다. 그런데 이러한 간호사들의 애로사항이 저절로 해결되기 시작하였다.

이른 퇴원과 조기 입원이 가져온 현상 중에서 매우 중요한 것은 주치의가 퇴근 전에 새로 입원한 환자를 진찰하고 여러 지시사항을 입원 당일에 내릴 수 있다는 점이었다. 주치의가 퇴근한 후에 입원을 하면 주치의의 치료방침이나 지시가 하루 뒤로 넘어간다. 주치의가 오후회진에 신환 입원환자를 만나고 싶어도 환자가 병실에 없다면 불가능할 것이다. 이른 퇴원과 조기 입원이 이루어지면 주치의와 입원환자의 만남이 반나절 앞당겨 이루어진다.

이렇게 되면 입원환자의 병원 재원일수가 하루 정도 줄어든다. 하루라도 일찍 퇴원하면 환자는 집에 빨리 갈 수 있어서 좋고, 보험공단으로서는 보험료 지출이 감소하며, 병원 입장에서는 입원수입이 늘어난다. 입원환자의 재원일수가 1일 감소하면 병원이 다음 환자를 입원시킬 여유가 생겨 병원 전체 입원수입의 365분의 1만큼의 입원수입 증가가 발생하는 것이다. 그래서 많은 병원들은 환자를 위해서 그리고 병원 재정을 위해서도 재원일수를 감소시키려는 노력을 한다. 병원이 입원수입을 늘리려고 퇴원을 안 시키고 붙잡아 둔다는 오해는 하지 말기를 바란다. 미국 병원들이 분만 하루 만에 산모를 퇴원시킨다는 이야기를 들었다. 미국 의료보험회사에서 보험료 지출을 절감하기 위하여 산모에게 그 이상 입원을 허락하지 않기 때문이다.

병원은 다수 직종의 수많은 사람들이 톱니바퀴처럼 연결되어 유기적으로 움직이는 공간이다. 그리고 병원의 모든 일상 업무는 의사의 행동을 따라 움직이도록 되어 있다. 의사 진료가 시작되어야 간호사가 움직이고, 의사의 검사 지시에 의해 검사실에서 채혈이 시작되고 방사선사의 초음파, CT촬영 업무가 시작된다. 약국 약사들의 처방약 조제 업무도 그에 따라 시작되고, 원무과도 진료비 수납업무로 바빠진다. 의사들의 외래 진료 시작이 8시면 8시부터 병원이 움직이기 시작하여 심지어 주차요원의 업무조차 그 시간부터 시작이 되지만, 외래진료가 10시 시작이면 병원 직원들도 10시부터 움직인다. 오전에 진료 받으러 오는 환자의 숫자가 일정하다고 가정하면, 8시부터 주차가 이루어져 분산되는 것과 10시부터 주차가 되는 것을 비교해

보았을 때 늦게 시작될수록 당연히 주차공간은 더 부족해질 것이다.

1년 차 전공의의 자그마하다면 자그마한 날갯짓인 퇴원수속 절차를 위한 행동의 변화가 병원 곳곳에 엄청난 변화를 유발한다. 병원은 살아 움직이는 유기체다. 병원 혁신의 핵심은 바로 의사들의 행동 변화이다.

입원원무과가 왜 로비에?

미국 대학병원에서 연수하던 시절, 미국의 은행을 들렀다가 우리나라 은행과 다른 점을 발견하였다. 당시 우리나라의 은행은 창구마다 담당하는 고유업무가 있어 고객이 필요한 창구를 찾아가는 시절이었다. 그러나 미국의 은행은 자기 차례가 오면 어떤 창구를 가도 원하는 업무를 제공받을 수 있었다.

병원 로비에는 외래환자를 위한 외래원무과와 입원환자를 위한 입원원무과가 있다. 환자들은 병원에 들어서면 일단 위축이 된다. 입원환자가 원무과 표시를 확인하지 않고 외래원무과의 줄을 섰다가 다시 입원원무과의 줄을 서는 일은 매우 흔하다. 외래 초진환자가 진료접수를 위해 외래원무과에 줄을 섰는

데, 차례가 되어 확인하니 자기가 선 줄은 외래 진료비를 계산한 후의 진료비 수납 전용창구였다. 완전히 병원이 정한 행정 위주로 환자들을 줄 세우다 보니 이런 일이 비일비재했다.

입원환자나 외래환자가 원무과의 어떤 창구를 가도 필요한 서비스를 제공받을 수 있어야 한다. 대형병원에 와서 오래 기다리는 것은 감수하더라도 이 창구 저 창구 쫓겨 다니다 보면 아픈 몸은 지칠 대로 지친다. 병원뿐 아니라 지금도 많은 공공기관 민원실이 자신의 고유업무를 창구에 써 붙이고 민원인이 필요한 창구를 알아서 찾아가도록 운영하고 있다. 왜 자신들의 업무편의를 위하여 고객을 불편하게 만드는가?

입원환자는 병실에 있는데 입원원무과는 병원 로비에 있다. 이것도 이상한 일이다. 그렇지만 병원 직원이나 환자들 모두 당연하게 받아들인다. 입원원무과를 병실 현장으로 이동시키면 좋지 않을까? 큰 변화이자 모험이었다. 인간은 변화를 싫어하고, 특히나 역사가 오래된 기관일수록 변화는 쉽지 않다. 입원원무과 직원들의 반대를 극복하고 오히려 스스로 변화를 수용하도록 하는 방법을 찾아야 했다.

원무과 직원들을 위한 워크숍을 경치 좋은 고급 리조트에서 열고, 워크숍에서 입원원무과의 이동 문제를 자체 토론하게 하였다. 결과는 대성공이었다. 물론 반대도 있었지만 결국 직원들은 입원원무과를 병실로 전진 배치하자는 결론을 이끌어 내었다. 직원들의 합리성과 병원 사랑을 다시 한번 느끼게 된 순간이었다.

입원원무과를 병실로 전진 배치시킨 후, 즉 '원무매니저' 제도가 시작된 후에 많은 변화가 일어났다. 첫째, 병실 간호사의 업무가 감소되었다. 입원원무과와 보호자 사이의 입원과 퇴원에 필요한 행정업무 전달을 병실 간호사들이 맡아 왔는데 그 일이 없어진 것이다. 간호사의 중계 없이 입원원무과 직원과 보호자 사이에서 직접적으로 신속한 업무처리가 이루어졌다. 이것은 입원환자의 오전 퇴원에도 큰 기여를 하였다.

다음으로 보호자의 병원 엘리베이터 이용이 줄어들었다. 과거에는 간호사가 전달한 입·퇴원 관련 행정절차를 하려면 보호자가 엘리베이터를 타고 병원 로비로 내려와야 했다. 2천 명의 입원환자가 있는 병원에서 입·퇴원 원무 절차로 보호자들이 엘리베이터를 이용하게 되는 횟수를 상상해 보라. 병원 엘리베이터 운행 횟수를 줄여 에너지가 절약됨은 물론이고, 특히 응급환자의 이동이나 응급환자 진료를 위한 의료진의 이동 시 엘리베이터 여유공간을 확보할 수 있었다.

입원환자들은 입원원무과 직원의 '찾아가는 서비스'를 정말 고마워했다. 입원원무과 직원들은 입원실 현장에 근무하면서 간호사의 애로사항이나 입원환자의 어려움을 체험하고 간호사나 환자에 대한 이해도가 향상되어 마음에서 우러나는 서비스를 제공하게 되었다. 원무과 직원들이 간호사와 같은 내부고객과 입원환자와 같은 외부고객 모두에게 훌륭한 서비스를 제공하게 된 것이다. 처음에는 근무지 이동에 반대했던 원무과 직원들도 병실 근무 후에는 모두 만족하고 변화에 감사하는 마음을 갖게 되었다.

당신의 고객은 누구입니까?

입원환자의 처방관리와 보험청구를 담당하는 부서가 보험심사팀이다. 보험심사와 청구 업무를 현장에서 실시간으로 한다면 환자에 대한 서비스도 향상되고, 보험청구 업무가 정확해지고 시간 또한 단축될 것이다. 그런 이유로 보험심사 업무를 의무기록사보다는 현장을 잘 파악하는 간호사들이 대부분 담당하는데, 보험심사팀도 '원무매니저'가 되어 병실 현장에서 일을 처리하면 어떨까? 지금은 원무과 직원이 원무매니저를 하고 있지만, 앞으로는 보험심사팀의 일부 직원들도 원무매니저로서 병실 현장에 근무하여야 할 것이다.

　원무 행정은 병원 행정의 꽃이다. 제약회사는 영업사원을 거쳐야 본사 내근이 허용된다. 현장을 모르고서는 내근을 해서는 안 된다는 인사 원칙일 것이다. 마찬가지로 병원도 반드시 진료 현장을 경험해야 한다. 예를 들면 병원 현장을 모르는 신입직원 을 홍보실이나 기획실에 배치한다면 직원 자신도 괴로울 것이 다. 현장을 모르면서 어떻게 홍보와 기획을 하겠는가? 진료상황 을 잘 알지 못한 채 바쁜 현장에 가서 얼씬거리다가 의료진에게 핀잔을 듣기 십상이니, 자연히 현장을 피하고 책상에 앉아 탁상 행정을 하게 될 것이다.

입원 매니저들은 확실하게 현장을 파악하였기에 이렇게 현 장경험을 한 직원들을 의료원 본부조직인 기획팀, 인사팀, 총무 팀 등에 배치해야 한다. 그리고 신입직원들은 반드시 현장경험 부서를 거친 후 타 부서로 배치하는 인사 원칙이 세워져야 할 것이다.

의료원의 직원은 상대하는 고객이 누구냐에 따라 크게 두 그 룹으로 나뉜다. 한 그룹은 상대하는 고객이 환자이다. 다른 한 그룹은 환자를 고객으로 상대하는 내부직원이 그들의 고객이 다. 고객이라 하면 환자만 떠오르고 고객만족이라 하면 환자만 족과 동의어로 생각하기 쉽지만, 내부직원도 고객이다. 행정조 직은 환자를 고객으로 섬기는 내부직원인 의료직들을 고객으로 섬겨야 한다.

대학 학생과에서는 직원들이 학생들에게 반말을 하고, 때로는 핀잔을 주기도 하고 하대하기도 한다. 그러나 학생과의 직원들의 고객은 바로 학생이다. 그들에게 "당신의 봉급은 학생들의 등록금에서 나옵니다. 봉급을 주는 학생들을 고객으로 잘 섬기세요."라고 당부한다. 또 경리과 직원들 중에는 자기 돈으로 직원들 봉급을 주는 것으로 착각하고 고압적인 태도를 보이는 이들이 가끔 있다. 이러한 일들은 다 자신의 고객이 누구인지 모르기 때문에 일어나는 일이다. 조직의 모든 직원들에게 '당신의 고객은 누구입니까?'라는 설문을 돌려 본인의 고객이 누구인지를 정확하게 깨닫게 하여야 한다.

요사이는 '워라밸Work-Life Balance'이라는 말이 유행이다. 일과 개인의 삶 사이에 균형을 이루는 것을 말한다. 그리고 최저임금이라든지 주 52시간 근무 등 '워라밸'을 이루게 하는 제도들이 강화되면서 근로자 권익은 크게 향상되었다. 참 좋은 현상이다. 그러나 이렇게 근로자의 삶의 질을 중시하다 보니 고객만족이라는 서비스 개념은 희박해지는 것 같다.

단골 프랜차이즈 커피숍을 일주일이면 서너 번씩 방문한다. 몇 달이 지나도 정다운 인사 한마디 없고, 아는 척도 없다. 당신의 돈을 받았으니 나는 당신에게 커피를 주면 끝이라는 기계적인 태도다. 젊은 직원들의 얼굴이 무표정이다. 나는 음식점도 강남보다는 강북의 오래된 음식점들을 좋아한다. 그중에는 수십 년 된 노포들도 많고 일하시는 분들도 연세가 있어 정이 흐른다. 물론 아는 척도 해주고, 인사는 기본이다.

워라밸도 좋지만 이제는 환자를 인간적으로 바라보는 고객 만족 서비스와 직원의 워라밸이 서로 밸런스를 이루었으면 하는 바람이다.

환자의 등이 경험하는 것은 매트리스

미국 기독실업인 세브란스의 고향이며 그의 묘소가 위치해 있는 미국 클리블랜드의 클리블랜드클리닉을 방문하였다. 병원 현황을 설명해 주는 제임스 멀린James Merline MD의 직함이 CXO였다. 생전 처음 들어 보는 병원 보직이라 의아하게 생각했더니 'Chief Experience Officer'의 약자였다. 환자경험 담당 부원장이라니 어떤 일을 하는가 대단히 궁금하였다.

의사인 CXO 부원장은 미국의 환자들이 어떤 병원에서 치료를 받을지 선택하는 기준에 대해 말해 주었다. 환자들의 병원 선택 기준은 병원 이용 시 받은 환자의 경험이 41%로 제일 높다고 했다. 가장 중요한 기준이 되리라 생각했던 의료진의 수준은 21%로 그다음이었다. 병원에 대한 평판 20%, 병원의 접근성 18%의 순서였다. 단어조차 처음 들어 보고, 개념도 확실하게 잡히지 않는 '환자경험Patient Experience'이라는 것이 환자들의 병원 선택 기준 1위라니, 상상을 초월하는 내용이었다.

환자경험이란 1)얼마나 정시에 진료가 이루어지는가, 2)음식은 만족스러운가, 3)여유로운 대기공간이 있는가, 4)정서적인 지지Emotional Support와 더불어 정신적인 지지Spiritual Support가 존재하는가 등이 중요 요소라는 CXO 부원장의 설명을 듣고 무척 생소하고 놀라웠다. 단시간의 방문이라 환자경험에 대해 충분히 이해하기에는 시간이 부족한 채로 귀국하였다.

얼마나 훌륭한 의사가 많은지, 얼마나 최첨단 의료장비를 갖추고 있는지가 환자들이 병원을 선택하는 가장 중요한 이유라고 생각하고 있던 병원 경영진이나 교수들의 개념이 완전히 틀렸다는 것은 놀라운 일이었다. MRI나 초음파 장비의 해상도가 얼마나 정확한가, 미국 회사 장비인지 독일 회사 장비인지 같은 것은 의사들의 관심사이지만, 환자들은 진단장비의 회사 이름 같은 것에는 관심이 없다는 말이다. 환자는 병실의 음식과 환자복의 편의성, 대기공간 의자의 쾌적성, 대기공간에 비치된 잡지와 병원에서 들려주는 음악 소리, 그리고 외래에서 진료가 예약 시간에 지켜지는지 얼마나 지연되는지, 지연된다면 그 이유를 설명해 주는지 등등 이렇게 본인이 체험하는 경험이 병원 결정에 중요 요소가 된다는 것이다. 의사들이 생각하는 것과는 정반대라니!

세브란스병원 새 병원이 준공되기 전 구 병원건물에서 진료하던 시절, 세브란스병원은 국가고객만족도NCSI에서 최하위 병원이었다. 40년도 더 지난 오래된 건물에서의 진료는 고객만족도에 결정적인 영향을 주었다. 아무리 좋은 의료를 베풀어도 환경에서 오는 제약은 어쩔 수 없었다.

새 병원으로 이사한 후 최대의 소망은 환자들에게 새로운 첨단건물에서 최고의 서비스로 최대의 만족을 드리는 것이었다. 그런 면에서 병원 로비에 알코올 냄새 대신 커피 향이 나는 대규모 환자편의시설을 마련한 것도 환자 만족도 향상을 위한 노력의 일환이었다. 본격적으로 환자 만족도 향상을 위하여 항공사 승무원 교육 담당자를 모셔서 직원들에게 서비스 교육을 실시하는 등 다각도의 노력이 이루어지고 전담부서까지 조직되었다. 2005년 새 병원이 준공된 후 국가고객만족도가 상승하여 2위까지 올라가더니 6년이 지난 2011년 박용원 세브란스병원장 시절에는 드디어 국가고객만족도 조사에서 세브란스병원이 1위를 차지했다.

만족도 조사는 병원 내에서 이루어지다가 어느 때부터인가 병원 밖에서 세브란스병원을 이용한 환자를 대상으로 하여 서울역이나 근처 약국 등에서 직접 또는 전화를 통해 조사가 진행되기 시작했다. 만족도 조사가 시작되었다는 것을 인지하여도 병원 외부에서 이루어지는 조사이므로 병원으로서는 속수무책으로 결과를 기다릴 수밖에 없다. 평소 하던 그대로 환자를 진료하면서 만족도 결과를 기다리자니 참 답답하였다.

세브란스 병원이 국가고객만족도 1위라니 꿈만 같았다. 1위라는 평가가 나오자 그동안 병원 교직원의 노력에 대한 보답이라고도 생각하였지만 세브란스병원을 사랑하고 만족하신 환자들에 대한 고마움이 앞섰다. 클리블랜드병원을 방문했을 당시 클리블랜드병원이 미국의 최고 4대 병원으로 선정되고 만든 포스터 내용이 떠올랐다. "Thank you for making us a Top 4 U.S. Hospital." 세브란스도 '우리가 최고입니다'라고 자랑할 것이 아니라 고객만족도 1위를 하도록 만들어 준 환자들에게 고마움을 나타내는 배너를 제작하여 병원 원내외에 게시하도록 하자! 그렇다, 우리가 잘난 것이 아니라 우리의 서비스를 최고로 평가해 준 환자들이 고마운 것이다.

지금 세브란스병원은 10년 연속 1위 자리를 지키고 있다. 국가고객만족도 1위를 계속 유지하자 한편으로 불안과 위기감이 찾아왔다. 1위 다음에는 더 올라갈 곳이 없으므로 떨어질 일만 남은 것이다. 어떻게 1위를 유지할 것인가? 유지가 가능할 것인가? 과거 국가고객만족도 조사를 시작한 초기부터 계속 1위를 지키던 병원은 만족도에서 최하위를 하던 병원인 세브란스병원에게 1위를 빼앗긴 다음 대대적인 인사 조치가 있었다고 들었다. 미국 클리블랜드병원에서 보았던 환자경험이란 단어가 떠올랐다. 환자경험을 도입하고 제공하고 싶었다.

우리에게는 생소한 환자경험에 대해 공부하기 위해 전 직원을 대상으로 환자경험에 관한 도서 《고객경험관리》를 읽고 공부하는 스터디 북클럽을 조직했다. 북클럽 독후감 발표회를 대대적으로 열고 독후감 1위에게는 동남아 여행이라는 큰 상을 주었다. 미국 클리블랜드병원에서는 환자경험에 대한 서미트summit가 매해 열렸는데, 세브란스 병원의 서비스 담당 직원들을 서미트에 파견하여 교육을 받게 하였다.

그러나 이런 노력에도 불구하고 눈에 띄는 효과도 없고 구체적인 실행방법도 나오지 못했다. 미국 병원과 우리나라 병원의 여건이 많이 다르기도 하지만, 우리가 자체적으로 환자경험을 배워서 현장에 적용한다는 것은 불가능하다는 결론을 얻었다. 외부에서 전문가를 찾기로 했다.

의료원 Mini-MBA에서 환자 서비스를 강의한 연세대학교 경영대학 최선미 교수가 떠올랐다. 최 교수는 미국 햄프턴호텔의 총지배인으로도 있었고 미국 펜실베이니아주립대학 교수를 거친 현장중심 마케팅 전공교수이기 때문이다. 최 교수는 당시 조선호텔 김진영 상무를 환자경험의 적임자로 추천하였다. 김 상무는 월급 등 불리한 조건임에도 불구하고 다른 병원이면 몰라도 세브란스병원이라면 호텔에 사표를 내고 이직하여 환자경험을 실현해 보이겠다는 결심을 보여 주었다.

병원에서 환자가 경험하는 서비스 중 의사와 간호사에 대한 만족도가 가장 기본이 되고 중요하다. 그러나 의료진으로부터 아무리 좋은 서비스를 받았어도 집으로 돌아가며 주차 문제로 주차요원과 다툼이 벌어진다면 다시 그 병원을 찾을 가능성은 낮아진다. 즉 '100-1=99'가 아니라 '100-1=0'이 된다는 것이다. 환자의 귀가 경험하는 것은 병원 로비에서 흘러나오는 음악이고, 환자의 눈이 경험하는 것은 비치된 잡지이다. 입원환자의 뒷머리가 경험하는 것은 베개이고, 환자의 등이 경험하는 것은 침대의 매트리스다.

김진영 상무를 정남식 병원장에게 소개하니 병원에 창의센터Creative Medicine Center를 신설하여 책임자로 모시고 싶다고 했고, 윤주헌 의대학장은 장차 의사가 될 예비의사 학생들에게도 환자경험 같은 교육이 필요하다며 의학교육학과에 교수로 모셔 가겠다고 했다. 사실 연세의료원에 직책을 마련하려 했으나 의료원 본부보다는 현장에서 더 필요하다는 병원장과 의대학장의 말을 따르기로 하였다.

신설된 창의센터를 중심으로 환자경험을 시도하니 처음에는 새로운 변화에 대하여 저항도 많았다. 그렇지만 새로운 환자경험이란 개념은 서서히 의료원 산하 전 병원에 자리 잡기 시작했다. 특히 2014년 개원한 연세암병원에는 개원 전부터 모든 의료진을 포함한 용역회사 직원까지 환자경험에 맞추어 세밀하게 교육을 실시하고 준비하였다. 환자는 용역직원도 병원의 직원으로 착각하기 때문에 용역직원에 대한 불만족도 결국 병원 불만족으로 나타나는 것이다.

의과대학은 4학년에 다양한 선택과목이 있어 외국의 유수한 병원이나 저개발국가의 의료선교 현장, 국내 제약사나 신문사 등에 일정 기간 근무를 선택할 수 있는 제도가 있다. 어떤 학생들은 환자경험과 병원경영을 선택과목으로 택하여 현장에서의 서비스 경험을 배우고, 나아가서 장차 인성 좋은 의사로 태어날 준비를 했다.

원가에 미치지 못하는 저수가 의료보험 정책으로 인하여 병원들은 환자를 많이 진료해야만 살아남을 수 있다. 우리나라 병원은 생존을 위하여 질보다는 양을 택해 환자진료 숫자에만 신경을 쓰다 보니 의료의 질이나 환자에 대한 서비스는 항상 우선순위가 밀릴 수밖에 없다.

세브란스병원은 환자안전을 위한 국제표준인 JCI 인증을 국내 최초로 획득한 병원이다. 세브란스병원에서 국내 병원 중 처음으로 '환자안전' 위에 '환자경험'이란 새로운 개념이 보태어지기 시작한 것이다.

김진영 교수는 병원계에 환자경험을 알리는 스타가 되어 여러 병원에 다니며 환자경험의 개념을 전도했다. 호텔과 병원 양쪽에서 현장경험을 했기 때문에 그의 강의는 어느 경영대학 교수들의 강의보다도 현장 적용에 도움이 되었다.

빛과 공기와 소리

새로 개원하는 연세암병원은 개원 전 건축공사부터 환자경험이 적용되었다. '빛과 공기와 소리'라는 세 가지 관점에서 환자경험을 설계에 반영하였다.

우선 자연채광과 조명을 통하여 빛을 경험하도록 하였다. 의사, 간호사, 원무과 등 병원 직원들은 하루 종일 천장 한번 쳐다볼 여유가 없지만 환자는 하루 종일 침대에 누워 천장만 바라보고 있음에 착안하여 '천장이 아름다운 병원'을 만들기로 했다. 병원 내 모든 조명을 '눈부시지 않은 조명', '지루하지 않은 조명'을 적용했으며, 통로나 병실, 휴게실 곳곳에는 자연채광이 되도록 빛을 디자인하였다.

병원을 이용할 때 청정하고 냄새 나지 않는 공기를 경험하도록 하였다. 다른 병원보다 용량과 성능 면에서 월등한 공조시설을 설치함으로써 병원 내 오염된 공기의 상당 부분을 배기한 후 이를 이중, 삼중으로 정화하여 재공급하는 시스템을 갖추었다. 새 병원 입주 시 가장 문제가 되는 시멘트 냄새 등 새집증후군이나 가구류에서 나오는 냄새를 완벽하게 제거하기 위해 기본적으로 친환경 자재를 사용한 것은 물론, 피톤치드를 수차례 살포하고 피톤치드 원액으로 가구류를 수차례 닦아 내어 독소와 냄새의 근본원인을 제거하였다. 새 건물로 이사하면 냄새에 민감한 환자들로부터 불평을 듣게 되는데 연세암병원 개원 후에는 새집증후군 같은 새 건물 냄새로 인한 환자로부터의 불만족이 단 한 건도 없는 진기록을 낳았다.

그리고 백색소음White Noise 효과를 적용하여 좋은 소리를 경험하게 하였다. 일반적으로 환자들에게 지나치게 조용한 실내 환경은 오히려 심리적으로 불안감을 조성할 수 있다. 특정한 청각 패턴을 갖지 않는 일정한 주파수 스펙트럼의 음악이나 신호를 병원 곳곳의 수많은 스피커에 흘림으로써 보다 따뜻하고 편안한 분위기의 병원, 왠지 모르지만 다른 병원에 비해 더 편안한 병원으로 인식되도록 노력하였다.

가구의 경우에는 외래 공간을 층별로 가구 색상이나 배치를 다르게 함으로써 분위기가 다채롭도록 표현하였다. 3층 외래진료 구역은 편안함을, 4층 어린이 진료과는 따뜻함을, 5층 여성 진료과는 아늑하고 친밀함을 표현하도록 가구와 장비 하나하나를 각별히 선정하여 배치하였다.

암병원 입구부터 환자와 보호자의 편의를 돕는 다양한 매장들이 배치되었다. 환자의 쾌유와 건강을 비는 아웃도어 매장과, 환자일지언정 인간 본연의 아름다움을 포기해서는 안 된다는 의미의 화장품과 가발 매장이 마련되었다. 진료를 마치고 병원 문을 나서기 전 우리나라 최고의 베이커리 카페에서 향긋한 커피 한잔 마실 수 있는 공간도 입점되었다.

입원실 층마다 구비된 환자보호자 휴게실과 식당은 소음과 냄새를 차단하기 위해 두 공간을 철저하게 구분하여 조성하였다. 도심 속에서도 햇빛과 바람과 대학 캠퍼스의 자유로움과 자연을 느낄 수 있는 7층의 힐링가든은 넓고 안전하게 조성하여 연세암병원만의 숨겨진 정원이라고 자랑할 만한 공간으로 조경을 하였다.

입원안내문이나 소아마취주의문 등 인쇄물들은 누구나 한눈에 알아보기 쉽도록 인포그래픽 기법으로 만들어 제공하였고, 첫 방문으로 혼란스러운 환자들을 위한 첫 방문 전용창구를 만들었다. 암 관련 질병에 관한 다양한 정보나 자료를 비치한 암

지식정보센터, 예비실과 기도실까지 완비했다.

30분 대기에 3분 진료는 병원에 대한 대표적인 불만족의 상징이다. 우리나라 의사들도 미국 의사들처럼 30분씩 환자를 진찰하면서 인생 이야기까지 서로 나누고 싶다. 그러나 미국 진료비의 10분의 1 정도밖에 되지 않는 현재의 보험수가로는 그렇게 진료를 하다가는 병원 문을 닫아야 한다. 환자들은 미국에 비해 저렴한 보험료를 부담하면서도 최상의 의료서비스를 기대하는 것이다.

의사들이 많은 환자를 진료하다 보니 병원의 문턱이 낮아져 의사 만나기가 우리처럼 쉬운 나라가 없다. 미국의 경우 전문의사 예약이 하늘의 별 따기처럼 어렵고, MRI나 CT검사도 몇 주를 기다려야 한다는 것은 이미 잘 알려진 사실이다. 우리나라처럼 전문의 진료가 쉽고 모든 검사가 단시간 내에 이루어지는 나라는 지구상에서 찾아보기가 어렵다.

그러나 기다림도 막연하게 기다리는 것같이 지루한 것이 없다. 만일 기다리는 시간이 예견된다면 같은 시간을 기다린다 해도 언제 차례가 올지 모른 채 무작정 있는 것보다는 훨씬 수월하게 기다릴 수 있을 것이다. 언제 나의 외래진찰 차례가 올지 모르면 진찰실 앞을 떠나지 못하고 화장실 가기도 겁이 난다.

얼마나 더 기다려야 하는지, 내 순서는 언제쯤 오는지를 환자의 핸드폰으로 문자를 보내 주거나, 진찰실 앞 안내화면에 게시하도록 하였다. 입원환자도 마찬가지로 의사 회진을 기다리다가 잠시 자리를 비운 사이에 주치의사 회진을 놓치는 경우가 있다. 그래서 병실에도 주치의 회진시간을 예고하기 시작했다.

환자들은 주치의와 되도록 많은 시간을 함께 있고 싶어 한다. 그래서 외래진찰실 앞에 주치의 사진을 게재하기 시작했다. 차례를 기다리는 동안 진찰실 문 앞의 대형 화면으로 주치의 얼굴을 사진으로나마 볼 수 있으면 환자들 마음에 조금의 위안은 될 수도 있겠다고 생각하였다. 주치의사 사진을 진찰실 앞 화면에 게시하니 반응이 좋아 세브란스 전 병원 외래에 진료의사의 사진을 게시하였다. 의사들도 환자와 많은 시간을 같이 못하여 미안한 마음이 있었기에 흔쾌히 얼굴 촬영에 응해 주었다.

나는 요사이 자주 연세암병원을 이용한다. 입원 경험도 하고 외래진찰 경험도 하며 진료 전후에는 편의시설도 들른다. 암병원이 주는 환자경험을 자주 하면서 의료진은 물론 하드웨어와 소프트웨어가 주는 경험에 감동하고 감사해한다.

병원과 새집증후군

병원을 신축할 때 진료구역의 레이아웃이나 동선, 인테리어 등에는 신경을 많이 쓰고 있지만 그 공간에 채워진 빛과 공기와 소리에까지 세심하게 신경 쓰는 경우는 드물다. 특히 병실이나 진료실에 가장 나중에 설치되는 가구나 기물, 이른바 FF&EFurniture, Fixture & Equipment의 접착필름 등에 함유된 환경공해물질(벤젠, 크실렌, 톨루엔, 포름알데히드 등 발암물질)과 여기서 분출하는 냄새를 제거하기 위해 흔히 환기하거나 실내온도를 높여 건조시키는 방법, 또는 효소나 촉매를 이용하는 방법 등으로 해결하고 있는데, 틀린 방법은 아니지만 시간이 오래 걸리거나 원인물질을 완벽하게 제거하는 데는 한계가 있다. 특히 포름알데히드는 건조시키면 없어지는 듯하다가 입주해서 호흡하며 공간의 습도가 높아지면 다시 분출하기 때문에 세거하는 데 여간 까다롭지가 않다.

영국의 모 병원에서 탈취 목적으로 식물에서 나오는 아로마 오일 훈증기(피톤치드 살포기)를 가동하자 병원 내 큰 고민거리였던 MRSA(황색포도알균 중 메티실린에 내성을 보이는 세균)가 현저하게 줄어들고, 가동을 중지하자 다시 늘어나는 현상에 주목, 이를 이용한 다양한 연구가 진행되고 있는데, 특히 피톤치드를 활용하여 일명 새집증후군으로 불리는 환경물질은 물론, 단기간 내 냄새까지 제거하는 방법을 개발하여 활용하고 있다.

병원에서 화재가 발생, 그을음 냄새로 진료를 중단해야 할지 고민하고 있던 상황에 마이크로 캡슐에 담은 피톤치드로 만 하루 만에 냄새와 오염물질을 완벽하게 제거한 사례나, 새 병원 이전 후 병실 등 공간 내 냄새를 완벽 제거한 사례는 이제 병원이 공간에 채워지는 공기의 질에도 기대하고 있는 그 이상으로 신경을 쓰고 있음을 증명하고 있다 하겠다.

03

이미지 경영

그 나물에 그 밥, 병원 브로슈어

병원 브로슈어는 병원 안내와 홍보에 중요한 부분을 차지한다. 새로 병원장이 취임하면 병원장 취임사와 사진을 고민하게 만드는 것이기도 하다. 대부분 병원 브로슈어는 내과, 외과, 산부인과, 소아과 등 병원이면 모두 갖추고 있는 진료과 중심으로 편집되어, 어느 병원 브로슈어나 나오는 의사 인물이 다를 뿐 그 나물에 그 밥이다.

조금 바꿔 보기로 했다. 세브란스병원의 영문은 'SEVERANCE Hospital'이다. 브로슈어 각 챕터를 'SEVERANCE' 영문 철자를 이용해 구성하는 편집기획이 시도되었다. 첫 철자 'S'에는 'since'라는 의미를 부여하고 우리나라 최초의 병원인 세브란스의 백 년 역사를 담았다. 'S' 다음 글자 'E'는 'everyday'로, 환자의 아픔까지 사랑하는 일상의 진료현장을 기록하였다. 'V'value에는 '모든 평등한 생명을 위한 최선의 의료정신'을, 'E'education에는 '생명의 가치를 깨워 주는 열린 교육'을, 'R'research에는 '난치와 불치 없는 세상, 세브란스의 꿈'의 연구를, 'A'art에는 '손끝 하나, 그 보이지 않는 커다란 차이'라는 의미를, 'N'need에는 '당신이 원하는 그곳에 세브란스가 있습니다'라는 메시지를, 'C'christianity에는 세브란스병원의 사명인 '하나님의 사랑으로 인류를 자유롭게 한다'로 병원의 설립정신을 담았고, 마지막으로 'E'eternity에는 '세상의 빛이요, 소금이 되고 싶은 병원'이라는 의미를 담아 브로슈어의 9개 챕터를 구성했다.

요사이와 같이 글을 잘 읽지 않는 세상에는 브로슈어에서 특히 사진이 중요하다. 아무리 훌륭한 의료장비와 의료진이 있다고 장황하게 글로 설명해 봐야 읽어 주지 않으면 그만이다. 사진에 대한 고민은 박기호 작가를 만나면서 해결되었다. 박기호 작가가 촬영현장 답사차 방문한 의무기록실에서 세브란스병원에서 분만된 자신의 출생기록을 보더니 즉석에서 브로슈어 사진 작업에 참여하겠다고 승낙한 것이다. 박기호 작가는 로드아일랜드 디자인스쿨RISD, Rhode Island School of Design에서 사진학을 전공하고 《뉴스위크Newsweek》지 사진기자로 노무현, 이명박 전 대통령의 《타임Time》지 표지사진도 촬영한 당대 최고의 인물·현장사진 작가이다. 글씨는 별로 보이지 않고 브로슈어 양면 전부를 사진으로 채우는 전무후무한 이미지 중심의 병원 브로슈어가 탄생하였다.

좋은 사진이 있는 브로슈어가 출간되다 보니 예상치 않은 사건이 일어났다. 전문지와 관련 의료기관에서 브로슈어 사진들을 무단 사용하기 시작한 것이다. 항의를 하여 사진을 내리게는 하였지만 쉬운 일이 아니었다. 작가와 이 문제를 의논한 결과, 당시 촬영한 3천여 장의 사진 전부를 의료원에 기증하기로 하고, 사진은 의료원 내부와 관련 행사에서만 사용하도록 허락을 얻었다.

좋은 사진은 그 기관의 큰 재산이 된다. 그 후부터 세브란스병원 행사안내나 팸플릿, 그리고 홈페이지에 이 사진들이 사용되고 대형 배너 등에도 이용되어 의료원 홍보의 격을 높이는 데 큰 기여를 하였다. 대작가인 박기호 씨가 봉사하는 마음으로 최소한의 사례비만으로 오랜 시간 할애하여 촬영을 해준 것만도 고마운 일인데 그 모든 사진을 기부까지 해주었으니 지금도 그때를 생각하면 박기호 작가에게 너무나 감사하고 고맙다.

사진이 병원의 재산으로서 가치가 있고 병원의 격을 높이는

데 중요함을 말해 주는 일화가 하나 있다. 환자 중심 병원 홍보를 위하여 진료 사진을 대형 걸개로 제작하여 병원 입구 의과대학 건물 전면에 부착하였다. 다음 날, 걸개 사진의 진료 장면 중 의사가 소아환자를 진료하는데 청진기의 청진하는 부분이 의사 귓구멍에 들어가 있지 않고 목에 걸쳐져 있다는 것이 발견되었다. 홍보실은 물론 몇 단계 승인을 거쳐 제작되었음에도 불구하고 모두 간과한 것이다. 오랜 역사를 가진 세브란스병원이지만 이렇게 사진 자료는 빈약했다. 〈사랑실천, 세브란스〉 병원 브로슈어를 사진 중심으로 제작하고 박기호 작가의 사진을 병원의 재산으로 보유하게 만든 동기를 제공한 사건이었다.

2000년 7월에 〈사랑실천, 세브란스 1885-2000/ Sharing Love, SEVERANCE HOSPITAL〉이 출간되었다. 그런데 마침 세브란스 병원장이 교체되는 시기에 브로슈어가 출간되니 문제가 발생하였다. 브로슈어에 지극한 사랑과 관심을 보이고 지원해 주신 강진경 병원장이 연세의료원장으로 취임하시고 새 병원장으로 조범구 교수가 오게 된 것이다. 어느 분 인사말을 넣어야 할지 고민에 빠졌다. 원칙적으로는 새로 취임한 새 병원장의 인사말이 들어가야 하지만 두 분 병원장께서 모두 브로슈어를 너무 좋아하시는 것이 현실이었다. 결국 한글 인사말에는 전

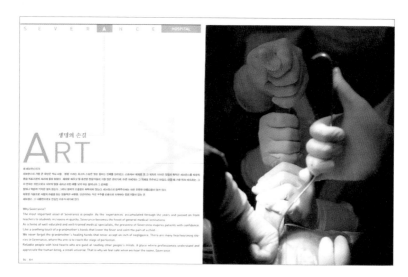

〈사랑실천, 세브란스〉 브로슈어 중 'Since'와 'Art' 페이지

임 강진경 병원장의 사진을, 영문 인사말에는 신임 조범구 병원장의 사진 모두를 싣는 것으로 고민을 해결하였다.

병원 브로슈어는 일정 기간이 지나거나 병원장이 바뀌면 새로이 제작된다. 주기적으로 바뀌는 병원 브로슈어이지만, 한때 이렇게 병원의 영문 이니셜을 따서 각 챕터를 구성하고 사진 중심으로 편집한 병원 브로슈어가 있었다는 사실이 기억되면 좋겠다.

환자와 의료진을 이어 주는
월간 《세브란스병원》

의사들은 전공 질환에 관한 글을 써서 많은 사람에게 널리 알리려 하지만 대체적으로 의사들의 글은 전문용어를 너무 많이 사용하여 일반인들이 이해하기 어렵다. 글은 중학교 3학년 정도도 이해할 수 있도록 써야 한다고 한다.

그동안 세브란스병원에서는 기관 월간지를 계속 발간하고 있었다. 연세의료원에서 내는 《연세의료원 소식》은 대상이 원내 교직원과 동문들로, 그들에게 의료원 소식을 전하는 소식지이다. 반면 세브란스병원이 매월 발간하는 월간지는 주로 환자와 보호자들을 대상으로 한다. 두 책의 독자가 전혀 다른 것이다. 이렇게 편집 방향을 정리하고 보니 병원 월간지의 경우 일반 환자들을 위해 좀 더 알기 쉬운 의학상식을 제공하는 잡지로 탈바꿈시키고 싶어졌다. 이러한 작업을 수행할 전문가의 도움이 필요했다.

우리나라 잡지 전문 출판사 중에 《매거진 싱글즈》, 《메종》, 《마리끌레르》를 발간하는 '더북컴퍼니'가 있다. 수소문을 하니 '더북컴퍼니' 이소영 대표가 세브란스병원 비뇨기과 교수의 부인이며 자제를 연세의대에 입학시킨 학부모라고 했다. '더북컴퍼니' 같은 대형 잡지회사는 병원소식지 같은 소규모 월간지는 만들지 않는다. 그러나 이소영 대표에게 세브란스 교원의 가족으로서, 그리고 연세의대 학부모로서 병원소식지를 기획하고 출간하여 주기를 간청하였다. 이소영 대표는 파격적으로 제안을 수락해 주었다.

병원 내부에서는 영상의학과 김진아 교수를 위원장으로 하여 잡지에 관심과 재능이 있는 교직원들로 간행위원회를 구성하고 다양한 취재원을 발굴해 전문가 집단 더북컴퍼니와 함께 잡지를 만들어 갔다. 병원장으로서 매달 잡지 말미에 병원장 메시지인 'A letter from Dr. Lee'를 연재했다. 매달 원고를 쓰는 것이 부담도 되었지만 소통과 홍보에 중요한 글이라 생각하고 열심히 써 나갔다.

2009년 4월 재창간된 세브란스 소식지 《세브란스병원》

2009년 4월, 월간 소식지 《세브란스병원》이 재창간되었다. 재창간되며 변화가 일어났다. 그동안 병원소식지에서 취재를 부탁하면 기피하던 교수들이 취재 요청을 기쁘게 받아들이고 적극적으로 동참하기 시작한 것이다. 취재 차례를 기다리는 교수들도 있었다. 특히 취재대상 의사의 멋진 대형 사진이 잡지에 실리고 난 다음부터 이런 경향이 더 눈에 띄었다. 그리고 무엇보다 의사가 직접 글을 쓰지 않고 전문 편집자가 의사와 인터뷰한 후에 일반인들 눈높이로 글을 쓰기 시작했다. 이러한 변화가 일어난 후 일반 환자나 보호자들도 잡지를 기다린다는 사람이 많아졌다.

어떤 이들은 잡지를 모아 놓으면 의학 백과사전처럼 알고 싶은 의료 관련 정보를 찾아볼 수 있기 때문에 매달 잡지를 모은다는 분도 있었다. 요사이는 정보의 홍수 속에 살고 있어 수많은 의학정보가 인터넷과 유튜브 등에 올라와 있지만 조회수와 관계없이 과장이나 광고성 없는 근거 중심의 담백한 의학정보에 목말라 있는 분들이 많은 것이다.

병원소식지《세브란스병원》은 2011년 한국사보협회 주관 대한민국 커뮤니케이션 대상 사외보 부문에서 보건복지부 장관상을 수상했다. 병원소식지《세브란스병원》의 발행부수는 5천부, 그리고《연세의료원 소식》은 1만7천 부를 발행한다.《연세의료원 소식》은 1981년 9월 창간되어 2020년 12월 866호를 발간하였다. 발행 경비도 많이 들지만 의료 관련 소식지로서 이렇게 많은 발행부수를 자랑하는 홍보지도 드물 것이다.

병원 홍보의 시작은 환자복부터

입원하면 모든 환자가 입어야 하는 환자복은 병원 홍보에 매우 중요한 역할을 한다. 세브란스병원에는 명의 중의 명의라고 할 수 있는 '의사가 추천하는 명의', '의학전문지 기자가 추천하는 명의'가 많이 있다. 주치의가 언론에 노출되면 자연스럽게 세브란스병원의 환자도 출연자가 되는 경우가 빈번하다.

대부분 병원 입원환자들은 그 병원 고유의 환자복보다 기성품으로 된 천편일률적인 환자복을 입는다. 그러다 보면 입원환자가 방송에서 인터뷰를 하더라도 어느 병원 환자인지 알 수 없다. 병원 입장에서는 홍보를 위해 많은 노력과 비용을 들이면서도 환자복을 이용한 이런 좋은 홍보의 기회를 놓치는 것이다.

세브란스병원 입원환자들이 방송에 나올 때마다 환자복을 결정하던 때의 과정이 떠오른다. 환자복에는 병원 로고가 들어가야 하지만 로고를 너무 크고 눈에 띄게 하면 좋은 디자인이라 할 수 없다. 그리고 환자복의 재질은 땀이 잘 흡수되고 착용감이 좋아야 하며 자주 세탁을 하기 때문에 내구성도 뛰어나야 한다. 이런 환자복 작업은 병원 직원들만으로는 전문성이 없기 때문에 불가능하다. 전문가의 도움이 필요하다.

다행히 연세대학교 생활과학대학에는 의류디자인 전문 교수들이 많이 있다. 산학협동이 시도되었다. 생활과학대학 김영인 교수께서 성인 환자복과 어린이 환자복의 로고와 환자복의 재질까지 세심하게 자문을 해주었고, 실무 환자복 개발 TF 팀과 많은 회의 끝에 멋진 환자복이 탄생하여 지금 현재도 사용되고 있다. 20년간 사용되고 많은 방송출연을 한 덕에 이제 환자복은 세브란스와 일체가 되어 누가 보아도 세브란스병원임을 알리는 중요한 홍보물이 되었다. 방송에서 세브란스병원 입원환자 인터뷰가 나올 때마다 환자복 개발 당시 기억이 새롭게 다가온다.

생활과학대학과 협업으로 환자복을 개발한 것은 산학협동의 좋은 본보기가 된다. 대학에는 각 분야 전문지식을 가진 교수들이 많고, 병원 현장에는 그 교수들의 전문지식을 적용할 수 있는 수많은 분야가 있다. 바이오 신약 개발로 대표되는 생명공학, 의료기기를 개발하는 의공학 분야가 병원과 대학의 대표적인 산학협동 분야이다. 심지어 신학대학과 음악대학도 병원 현장을 이용할 수 있다. 심령이 가난한 상태의 환자와 보호자가 상주하는 병원은 신학대학으로서는 전도의 황금어장, 즉 선교의 현장이 될 수 있고, 하루 3만 명의 유동인구가 지나가는 병원 로비는 음악대학의 공연 현장이 될 수 있다.

또 경영대학 교수들이 세브란스병원 경영지표를 통하여 병원경영의 전문성을 살린다면 와튼스쿨 같은 세계적인 병원경영 전문대학원도 탄생시킬 수 있다. 왜냐하면 같은 캠퍼스 내에 연세의료원같이 1년 예산 2조 원이 넘는 대규모 병원 현장을 가진 경영대학은 별로 없기 때문이다.

대학의 행정책임자들은 교수 개개인이 병원 현장과 협업하도록 자율에 맡기는 시대는 지나갔다는 사실을 깨달았으면 한다. 이제는 시스템으로 교수업적평가 등을 이용해 병원 현장에서 대학 교수들의 지식이 활용될 수 있도록 제도적 장치를 만들어야 한다.

호텔에는 있고 병원에는 없는 것들

병원Hospital과 호텔Hotel은 환대산업Hospitality Industry이라는 같은 뿌리에서 나온 형제 같은 존재로 365일 24시간 쉼 없이 돌아가는 유사한 특성을 지닌 반면, 영리법인과 비영리법인이라는 이유 때문이기는 하겠지만 조직구성과 운영에는 현격한 차이를 보이고 있다.

호텔업에서는 영업과 마케팅S&M: Sales & Marketing, 이를 보조하는 기술 RM: Revenue Management과 서비스GRO: Guest Relations Officer나 PRPublic Relations 등과 관련된 조직과 기능이 극단적으로 발전·운영되고 있는 반면, 병원업에서는 이러한 조직과 기능이 아예 없거나 있다 하더라도 극히 미미하여 그 기능을 제대로 활용하고 있지 못하고 있는 등 현격히 다른 차이를 보이고 있다. 그것은 아마도 과거에는 굳이 이러한 기능이나 조직 없이도 병원을 운영하는 데 아무런 불편이 없어 조직구성과 운영의 필요성을 느끼지 못했기 때문일 것이다.

그러나 세상이 바뀌어 병원 간 서비스의 경쟁력이나 조직운영의 효율성을 추구하지 않고서는 생존 그 자체를 위협받는 시대를 맞으면서 생존을 위한 차별화를 위해 이 같은 조직과 기능을 강화하고는 있지만 다른 업종에 비해서는 도입단계라 할 즈음에, 환자복이나 병원 브로슈어의 고급화에 대한 관심이나 올레길 개척 등은 다른 병원에서는 말을 꺼내기조차 어려운 두세 발 앞선 생각이었기에, 이후 많은 병원에서 환자복이나 브로슈어, 산책로 개발 등에 관심을 두기 시작한 기폭제가 된 것은 분명한 사실이다.

TV 속 세브란스

세브란스병원 135년의 역사는 곧 우리나라 서양의학의 역사라 할 수 있다. 세브란스 졸업생들의 독립운동이나 의료선교사들에 의한 천민 신분타파 등 역사 속에 세브란스병원이 등장할 때가 많다. 어느 병원도 가지지 못한 경쟁력이자 자긍심이며 하나의 병원으로서의 역사뿐 아니라 우리나라 역사에서도 기억되어야 할 부분이다.

드라마 제작자들도 이런 역사적 자료를 알고 나면 충분한 드라마 소재, 그리고 역사 다큐멘터리의 소재가 된다는 것을 알고 제작을 시도한다. 2010년 SBS 드라마 〈제중원〉이 방영되었다. 1885년 우리나라 최초의 근대식 병원이자 세브란스병원의 전신인 제중원을 통해 일제의 압력 속에서도 굴하지 않고 한국의 근대의학이 발전하는 모습을 보여 준 드라마였다. 의료원과 김종학 프로덕션이 손을 잡고 구한말 병원사를 중심으로 이야기를 펼쳐 낸 새로운 스타일의 사극 〈제중원〉은 36부작으로 제작되었다. 드라마는 실제 제중원 첫 졸업생이자 독립투사로 활동한 박서양 선생의 일대기를 그렸다.

제중원 원장 에비슨 선교사를 통해 서양의학을 접하게 된 백정의 아들 황정(박용우 분)이 제중원에 들어가 인술을 펼치는 의사로서 성장해 가는 이야기다. 주인공 황정과 라이벌을 이루는 인물로 성균관 유생인 도양(연정훈 분)이 등장하며, 이 둘이 후에 제중원과 한성병원을 대표해 계속하여 라이벌 구도를 형성한다. 이 둘은 의사로서뿐 아니라 석란(한혜진 분)이라는 여자 주인공을 사이에 두고 삼각관계를 이루며 드라마가 전개된다.

드라마 〈제중원〉은 구한말 일제의 주권침탈이라는 정치적 서사 과정을 고종을 중심으로 하는 왕권과 정치세력의 몰락 과정을 통해서 보는 것이 아니라, 근대의학사를 통해 구한말을 조명해 낸 작품이다. 드라마는 일제의 압력 속에서도 굴하지 않고 한국의 근대의학이 발전하는 모습을 보여 주었다. 드라마 〈제중원〉은 제중원의 후신은 어디까지나 우리나라에서 가장 오래된 종합병원인 세브란스병원이며, 진료기관으로서만이 아닌 현대의학 교육 및 연구기관으로 한국 의학계의 선구적 역할을 담당해 온 제중원의 이야기를 전 국민들에게 자연스럽게 알릴 수 있는 계기가 되었다.

SBS 드라마 〈제중원〉

EBS 방송 〈명의〉는 많은 사람들이 시청하는 인기 프로이다. 세브란스병원에서는 〈명의〉 촬영을 자주 한다. 하루는 담당 PD가 의료원장실에 와서 이런 말을 했다.

"〈명의〉 촬영기사가 '세브란스는 무슨 뜻인가요? 앰브란스도 아니고.'라고 질문을 합니다. 일반인들은 세브란스의 뜻을 정말 너무도 모르는 것 같아요."

그 후 EBS에서 세브란스병원을 세운 미국 기독실업인 세브란스의 다큐를 제작했다. 촬영팀은 국내 촬영은 물론 장기간 미국에 체류하면서 뉴욕의 카네기홀과 클리블랜드의 세브란스 유적을 찾아 다큐를 완성하였다.

클리블랜드에서 오랫동안 촬영이 진행되었는데 그 소식을 듣고 클리블랜드에 있는 세브란스 김충홍 동문 등께서 교통편의와 식사를 제공하고 간식까지 헌신적으로 챙겨 주어 너무 고마웠다고 한다. 담당 PD는 당시 동문들의 세브란스 사랑은 거의 신앙에 가까워 전율을 느낄 정도로 너무 감명을 받았다고 회고하였다. 이렇게 하여 EBS 특집 다큐 〈동행의 행복 루이스 헨리 세브란스〉가 2013년 방송을 타게 되었다.

공영방송 KBS의 〈KBS 파노라마〉도 많은 시청자를 확보하고 있는 KBS를 대표하는 다큐 프로그램이다. 2013년 5월, 가정의 달 특집으로 아버지 박성춘과 아들 박서양의 일대기를 그린

EBS 특집 다큐 〈동행의 행복 루이스 헨리 세브란스〉

'백정 아버지와 서양의사 아들'이라는 제목의 다큐멘터리를 방
영하였다.

2014년, 연세암병원의 건축을 마치고 개원을 준비하는 기간
에 암병원을 메디컬 드라마 〈메디컬 탑팀〉 촬영장소로 제공해
달라는 제안이 MBC로부터 들어왔다. 새로 개원하는 최첨단 병

원을 알릴 좋은 기회가 온 것을 마다할 이유가 없었다. 시청률 40%로 대박을 친 〈해를 품은 달〉로 사극의 새로운 장르를 개척했다는 평가를 받은 김도훈 감독이 만드는 선 굵은 의학 드라마에 세브란스가 함께하기로 했다.

세브란스병원 은명대강당에서 연기자 권상우, 정려원 씨 등이 참여한 제작발표회에 국내 100여 명의 취재진이 몰려들었다. 한류에 따른 일본 팬클럽 회원 100여 명도 자리를 같이해 큰 관심을 보였다. 의료자문을 통하여 사실적인 메디컬 드라마가 제작되었고, 암병원의 다학제진료 등 협진 내용과 로봇수술 등이 소개되었다. 국내 다른 병원들과는 사뭇 다른 유니크하고 따듯하고 동화 같은 새로운 암병원이 잘 소개된 것이다.

또 2014년 암병원 개원 직전에 SBS의 일요일 저녁 대표 예능 프로그램인 〈런닝맨〉이 암병원에서 촬영되었다. 시간여행을 주제로 하여 '괴도 루팡과 초능력'이란 컨셉으로 제작되었다. '걷지 말고 뛰어라'라는 제작 의도대로 개원 직전의 잘 준비된 암병원에서 출연진들은 병원 곳곳을 누비며 촬영을 하여 우리로서는 암병원의 다양한 모습을 시청자에게 선보이는 좋은 기회가 되었다.

세브란스의학교
초기 졸업생들은 누구?

조선의 독립운동가 안창호는 조선 최초의 의사면허를 가진 세브란스병원 의학교 1회 졸업생 김필순과 의형제를 맺었다. 안창호는 김필순 가족이 운영하던 세브란스병원 앞 '김형제 상회'를 거점으로 해외 독립운동기지 건설을 돕기 위해 신미회를 조직하여 독립군 군자금을 마련했다.

에비슨Oliver R. Avison의 수제자 김필순은 1900년 외과의 조수를 하면서 조선 최초로 《그레이 해부학Gray's Anatomy》을 번역하고 1908년 조선 최초로 서양 의사면허를 받은 7인의 의사 중 한 사람이다. 《그레이 해부학》은 의대생들이 가장 많이 보는 해부학 책으로 1858년에 초판이 나왔다. 크고 무겁기로 악명이 높은 방대한 서적을 백 년 전 조선에서 번역을 시도하였다는 사실이 놀랍다.

《그레이 해부학》의 출판사 엘스비어Elsevier는 무겁던 책을 디지털화함으로써 2015년 '무게 제로(0)'로 변신했는데, 출판사 엘스비어의 회장이 한국계 미국인 지영석 회장이다.

105인 사건은 일제가 조작한 데라우치 암살미수 사건을 빌미로 기독교 신자를 박해한 사건이다. 서북 출신 기독교 신자 600여 명을 고문하고 그중 105명에게 유죄판결을 내린다. 이 사건으로 김필순은 수배를 당하여 1911년 중국으로 망명, 만주를 거쳐 서간도와 내몽골에서 병원을 개원하였지만, 수입의 대부분을 조선독립군을 돕는 데 쓰며 어려운 생활을 하다가 일본인 조수가 준 우유를 마시고 사망한다.

김필순의 둘째 아들 김염은 1935년 당시 중국 영화계의 황제로, 대표적 항일영화 작품 〈대로〉에 출연했다. 대부분 항일영화에 출연한 김염은 어찌 보면 일찍이 중국에서 이미 한류를 시작한 한류 스타의 원조인 셈이다. 김염의 외손녀 박규원은 이러한 내용을 《상하이 올드 데이스》에서 자세히 기술하였다. 도산 안창호의 아들 필립 안은 할리우드 동양인 배우 1세대였고, 그의 의형제 김필순의 아들은 중국 영화계의 황제로, 후세까지 두 가문은 비슷한 길을 걸었던 것이다.

세브란스병원 의학교 1회 졸업생이자 우리나라 최초 서양 의사면허 7인 중 한 사람인 박서양은 백정 출신이다. 박서양의 아버지인 백정 박성춘이 콜레라로 사경을 헤맬 때 에비슨의 왕진으로 생명을 구한 것이 인연이 되어 박성춘은 아들 박서양을

The First Graduating Class 1908.
第一回 卒業生 一九0八年

세브란스의전 1회 졸업생이자 최초 면허의사 7인

제중원의학교 1회 졸업생과 허스트 교수. 뒷줄 왼쪽부터 김필순, 홍석우, 주현칙, 가운
데 허스트 교수, 그 오른쪽 박서양. 나머지 3인인 김희영, 신창희 및 홍종은이 누구인
지는 확실치 않다. (동은의학박물관 소장)

에비슨에게 맡기고, 박서양은 에비슨의 신임을 얻게 된다. 1900년 에비슨은 박서양을 의학생으로 받아 주어 조선의 첫 의사면허를 얻은 7인의 의사 중 한 사람으로 키워 낸다. 후에 박서양은 러들로 교수의 제자가 되어 백정에서 외과의사로 탄생한다.

이러한 인연으로 천민 백정의 처지를 잘 이해한 에비슨은 조선 정부의 실력자 유길준 대신에게 탄원하여 백정도 상투를 틀고 갓을 쓸 수 있도록 하여 조선의 신분타파에 앞장섰다. 후에 박성춘은 승동교회 장로가 되었고, 그의 딸은 정신여학교 졸업식에서 대표로 졸업사를 영어로 낭독하여 에비슨을 놀라게 했다. 그녀는 후에 단재 신채호의 아우이자 세브란스의학교 교수와 결혼한다. 박서양도 105인 사건에 연루되어 김필순을 따라 중국으로 망명했다.

의료선교사 에비슨은 고종의 어의를 수행하면서도 신분을 가리지 않고 하나님의 사랑으로 인술을 베풀어 조선의 하류층인 백정에게 신분타파라는 큰 은혜를 베풀었다. 하류 천민인 백정의 집안을 조선의 대표적 기독교 가정과 독립운동가 가정으로 변화시킨 것이다. 18세기부터 영국에서 노예제 폐지에 앞장선 유명한 정치인 윌리엄 윌버포스처럼 에비슨 선교사도 백정 신분타파에 앞장선 '한국의 윌버포스'였던 것이다.

세브란스병원 의학교 2회 졸업생인 이태준은 몽골의 마지막 국왕 보그드 칸 8세의 어의로 활약했다. 그는 고향에서 올라와 김형제 상회에 취직하여 일을 돕던 중 김필순의 권유로 세브란스병원 의학교에 입학하는데, 1910년 감옥에서 출감하고 크게 부상당한 안창호의 치료를 담당하면서 신미회에 가입한다.

김필순을 따라 망명한 이태준은 몽골 울란바토르에 정착하여 '동의의국'이란 병원을 개원했다. 당시 몽골은 라마교의 영향으로 전 국민의 70%가 매독 환자였다. 그는 살바르산을 사용하여 매독을 퇴치하여 국민들로부터 '신의'라는 명칭을 얻었다. 소비에트 정부로부터 조선독립군으로 전해지는 군자금의 중개 역할을 하면서 김원봉이 이끄는 의혈단에 헝거리 폭파 기술자를 소개하기도 했다. 소련이 몽골을 점령한 후에 러시아 백위군 운게른 부대원에게 교살당했다.

울란바토르 시내 남쪽, 서울의 강남 같은 부촌에 연세의대 동창회와 연세의료원이 만든 이태준 기념공원이 있다. 2011년 이명박 대통령이 몽골 국빈방문 시 이태준 기념관에 참배를 했는데, 이때 이명박 대통령은 방명록에 "이태준 지사께 경의를 표합니다. 많은 후배 의료인들이 지사의 정신을 배우고져 합니다."라는 글을 남기고, 동행한 필자에게 "훌륭한 선배를 두셨습니다."라고 말씀하였다.

04
배려의 경영

세브란스올레

제주올레가 만들어진 직후 올레 7코스에서 시작해서 3~4개의 코스를 걸을 기회가 있었다. 지인이 스페인의 산티아고 순례길을 걷기 위한 훈련으로 제주올레를 선택해 몇 번 동행하여 경험한 올레의 매력에 푹 빠져 있을 때였다.

'올레'는 제주도 방언으로 큰길에서 집까지 이르는 골목, 아주 좁은 골목길 등을 의미한다. 당시 제주도는 2007년부터 제주의 아름다운 자연을 소개하기 위해 올레길을 만들어 좋은 반응을 얻었다. 제주의 아름다운 바닷가 자연경관을 훼손시키지 않고 만들어진 올레가 경이로웠고, 올레를 자연친화적으로 고집스럽게 이룬 이가 누구인가 궁금했다. 이는 언론인 서명숙 씨가 산티아고 길을 걸으면서 고향 제주에 걷기 좋은 길을 선정해 만든 걷기여행 코스이다.

마침 제주올레에서 '1사-1마을 결연식'을 한다는 소식이 들렸다. 제주올레가 지나는 마을과 기업이 자매결연을 한다는 소식이었다. 세브란스병원은 '1사-1마을 결연식'에 참가신청을 하여 제주올레 1코스 성산읍 시흥리와 결연식을 가졌다. 그 후 의료원 직원들은 제주 여행 시 시흥리 민박을 이용했고, 시흥리 농수산물 직거래 장터도 개설되었다. 오래전부터 심장혈관병원 교직원들이 제주올레 1-1코스인 우도의 무의촌 진료를 수년간 해오던 터라 여러 가지로 뜻깊은 결연식이 되었다. 그해에 현재 국회의원인 이수진 연세의료원 노동조합 위원장과 함께 '책 읽는 시흥리 마을'을 후원하기 위하여 신흥초등학교에서 도서기증식도 가졌다.

세브란스병원을 찾는 환자들 중에 당뇨 환자를 포함한 많은 환자들이 진료 두 시간 전에 채혈을 하고 그 검사결과를 가지고 주치의에게 진료를 받는다. 환자들이 기다리는 두 시간을 건강에 도움이 되도록 하는 방안이 없을까 고민하던 중에 제주올레가 생각났다. 세브란스병원의 환경은 어느 의료기관보다 자연친화적이다. 세브란스병원이 연세대학 캠퍼스 내에 있기 때문

제주올레 1코스 성산읍 시흥리와 '1사-1마을 결연'을 맺고 도서를 기증했다.

에 연세대학의 청송대를 이용하여 세브란스올레 코스를 만들면 좋겠다는 생각이 떠올랐다. 치과병원 앞에서 출발하여 연세대학교 캠퍼스의 노천극장, 청송대, 총장공관을 거쳐 살랑살랑 걸어 진료실로 돌아오면 1.5km 구간으로 약 30~40분 정도 시간이 소요된다.

식전후의 혈당체크를 위해 2~3시간 기다려야 하는 당뇨병 환자 등 외래에서 장시간 대기하는 환자와 보호자들의 무료함도 달랠 수 있고, 자연을 벗 삼아 걸으면 환자와 보호자들이 건강은 물론 마음의 안정을 찾아 치료에 도움이 될 것으로 기대되었다. 청송대 내부에는 휴식공간이 많이 있어 산책을 겸한 환자와 보호자들의 자연 휴식공간으로 이용된다.

제주올레는 나무에 묶인 파란색과 노란색 이정표, 그리고 바위의 파란색 화살표가 길을 안내한다. 파란색은 파란 바다와 하늘을, 노란색은 제주 감귤을 상징한다. 이런 표시들은 제주의 자연을 최대한 보존하려는 배려를 담고 있어서 더욱 의미가 있다. '세브란스올레'도 같은 이정표를 사용했다. 파란색 이정표는 연세대학교의 상징이며, 노란색 이정표는 올레의 고향 제주도를 상징하는 감귤의 색깔로 환자의 무료한 시간을 배려하는 따뜻한 마음이 담겨 있다.

2009년, '제주올레' 서명숙 이사장을 '세브란스올레' 개막식

환자들과 함께 세브란스올레 걷기

에 초청하니 "서울로 잘 가지 않는데 뭍에서 처음으로 생기는 올레인 '세브란스올레' 개막식에는 참석하겠습니다."라고 수락하였다. 개막식에서는 제주올레 서명숙 이사장을 비롯하여 연예인 최수종, 코미디언 이용식, 쥬얼리 인기가수 박정아, 서인영씨 등이 참여하여 환자들과 세브란스올레를 함께 걸었다.

세브란스병원 의료진들은 세브란스올레를 기념하기 위하여 제주 시흥리 마을에서 무료 성인병 건강검진을 실시하였다. 의사 3명, 약사 2명, 간호사 3명 등 총 13명의 인원이 참여하여 주민 155명을 진료하였다. 마을 이장께서 진료팀을 이끈 장병철 심장혈관병원장에게 말했다.

"세브란스, 폭싹 속았수다(매우 수고하셨습니다)."

교직원들의 마음에 쉼표를

2000년 의약분업이 시작되면서 병원계가 큰 소용돌이에 휘말렸다. 원래 취지는 항생제나 부신피질 호르몬제인 스테로이드 같이 남용하면 국민 건강에 큰 해를 끼치는 약은 의사 처방 없이는 환자 마음대로 약국에서 약을 살 수 없도록 하자는 것이었다. 그러나 입법 내용은 오남용 위험이 있는 약을 포함하여 모든 약을 의약분업 대상에 포함시켰다.

외래환자의 조제는 의약분업에 해당되어, 세브란스병원에는 100여 명의 약사가 있지만 입원환자에게만 조제가 가능하고 세브란스병원 약사의 외래환자 조제는 불가능해졌다. 병원 약사들에게는 조제 자유의 제한이며 업무영역을 제한한 것으로서

헌법소원 감이다. 백일 된 갓난아이의 간단한 감기약도 병원에 수많은 약사가 있음에도 불구하고 아기를 데리고 외부로 나가 약을 구입하여야 한다. 모든 처방약에 대해서 약사에게 따로 조제료가 지불되어 의료보험 재정이 나빠지기도 하지만, 환자가 겪을 불편이 너무 크게 예상되었다. 이에 젊은 전공의들이 반발하며 하나둘씩 환자를 떠나 의약분업 반대 파업이 시작되었다.

약 1개월간의 파업 후 전공의들이 진료현장에 복귀했지만 교수와 전공의들, 그리고 직원과 전공의들 사이의 간격이 너무 벌어져 있었다. 교수들의 조언을 거부하고 전공의가 병원 현장을 떠남에 따라 파업기간 동안 전공의 업무까지 떠맡았던 교수들의 서운함, 그리고 환자 곁을 떠난 의사에 대한 간호사들의 불만 등으로 병원 내의 분위기는 어색함을 넘어 매우 침체되어 있었다. 이런 분위기를 반전시키고 모든 교직원이 하나가 되는 계기를 만들어야 하는 숙제를 풀어야 했다.

그때 생각난 것이 1999년 제작된 〈세브란스 교직원 찬양의 메아리〉 음반이었다. 의료원에는 대학의 교수성가대와 데누콰이어 같은 학생 찬양동아리를 비롯하여 간호부 합창단, 병동환자들에게 찬양을 선사하는 오랜 역사를 자랑하는 교직원 찬양단 이브닝콰이어 등 수많은 찬양동아리가 있다. 그중에서 10개의 찬양동아리가 참가한 찬양 CD 〈세브란스 교직원 찬양의 메아리〉를 제작하였다. 찬양 CD 발매 기념으로 병원 앞마당에서 입원환자와 보호자 그리고 교직원 등 천여 명이 모인 가운데 〈환자를 위한 찬양음악회〉도 열었다.

당일 저녁 날씨가 추워지자 강진경 병원장이 대한항공으로부터 기내용 담요 수백 장을 빌려 와 환자들에게 나누어 주어 추위를 덜어 주었던 기억이 새롭다. 음악회 마지막에는 환자와 가족들 그리고 교직원 모두가 찬양을 부르며 눈물을 흘리면서 환자를 위하여 쾌유의 안수기도를 드렸다. 하나님 안에서 하나 됨을 체험한 감동적인 음악회였다. 〈환자를 위한 찬양음악회〉를 생각하면 지금도 그때의 감동이 새롭게 떠오른다. 〈세브란스 교직원 찬양의 메아리〉 음반 제작과 〈환자를 위한 찬양음악회〉 사회까지 윤형주 장로가 재능기부를 하여 주었다.

전공의 파업이 일어난 2000년에 흐트러진 분위기를 반전하고 교직원 모두가 하나가 되자는 취지로 제1회 〈세브란스 찬양 경연대회〉를 열었다. 의료원 산하 3개 대학과 보건대학원, 세브란스병원과 5개 전문병원, 치과대학병원, 강남세브란스병원, 용인세브란스병원, 광주정신건강병원 등 18개 찬양팀이 참가하였다. 의사직, 간호직과 같이 직종별로 나누어 팀을 이루기보다 병원이나 대학과 같이 단위기관별로 팀을 편성하게 하여 직종에 구별 없이 교직원이 하나 됨을 참가의 목적으로 하였다. 의료원은 42개의 다양한 직종이 섞여 있다. 그래서 본질적으로 화합이 어렵다. 찬양대회를 통하여 다양한 직종과 직급이 한 데 어우러져 하나가 되는 기회를 만들어 보고자 한 것이다.

첫 찬양경연대회에 당시 의료원 전체 직원의 10분의 1일, 십일조에 해당하는 600여 명의 많은 교직원이 직접 찬양단으로 참가했다. 누가 더 잘하고 못하고를 떠나 하나님을 향한 찬양을 통해 우리는 하나가 되었다.

이후 〈세브란스 찬양경연대회〉는 해가 갈수록 그 열기가 더하여 2003년 '의료선교의 달' 첫 행사로 연세대 백주년기념관에서 제4회 〈세브란스 찬양경연대회〉가 열렸다. 신촌지역은 물론

영동, 용인, 광주 등 모든 산하기관에서 15개 팀, 860여 명이 동
참해 전 교직원의 약 15%가 찬양단으로 직접 참가하는 높은 참
여율을 나타냈다. 이날 대회에는 연세대 김우식 총장, 연세대
원일한 이사 등 교내 인사들과, 참가한 찬양팀을 응원하기 위해
단위기관 교직원은 물론 환자, 교회, 지역주민 천여 명이 공연
장을 찾아 축제 분위기를 고조시켰다. 찬양경연대회를 통해 모
든 교직원이 한마음이 되어 하나님을 섬기는 '의료원 가족'을 확
인하는 순간이었다.

1회 대회 때부터 계속 사회를 맡은 세브란스 건강홍보대사
윤형주 장로는 〈세브란스 찬양경연대회〉처럼 회를 더해 갈수
록 수준이 향상되는 대회는 드물다며 흥분을 감출 수 없다고 말

했다. 특히 용인세브란스병원 '부흥팀'은 교직원을 포함해 인근 군부대 사병, 지역교회 목사 등 총 7개 단체가 함께 참여했으며, 암센터 '한마음팀'에는 현재 항암치료를 받고 있는 환자까지 참가해 참석자들이 뜨거운 격려를 보내기도 했다.

〈세브란스 찬양경연대회〉는 1회부터 기독교방송인 CTS와 CGN-TV가 녹화방영을 했다. 윤형주 장로가 담당 PD에게 녹화방송을 제안했다가 "무슨 일개 병원 행사를 녹화방송까지 합니까?"라는 항의 아닌 항의까지 받았지만, 당일 촬영차 참석한 PD는 대단한 수준의 찬양축제임을 인정하고 매해 찬양경연대회를 녹화방송하기로 결정했다. 윤형주 장로는 연세대학교 의

2013년 찬양축제 재활병원팀

예과를 입학한 인연이 있어 세브란스를 지극히 사랑하는 마음에서 첫 찬양축제부터 한 해도 빠지지 않고 사회를 진행해 주었다.

2013년에는 14회 〈세브란스 찬양축제〉가 여의도 KBS홀에서 열렸다. 이번 찬양축제는 매년 원내에서 개최하던 찬양대회의 규모를 확대해 처음으로 외부에서 개최한 것이었다. 의료원 의료선교발전위원회 위원장인 이중명 에머슨퍼시픽 회장의 5천만 원 후원으로 상금 및 대회의 규모가 크게 성장했다.

이러한 도움의 손길에 힘입어 찬양축제에 참여하는 교직원들은 직종과 직급에 구별 없이 감동과 은혜의 시간을 공유함으로써 찬양축제를 통해 믿음과 찬양으로 한 가족 한 마음으로 결속하게 된다. 찬양축제가 시작되기 전부터 점심시간만 되면 의료원 곳곳에서 교직원들의 찬양 연습으로 찬양이 울려 퍼지니 의료원이 천국의 모습으로 바뀐다. 세브란스 찬양경연대회가 찬양의 축제로 변화된 것이다.

찬양 중에 하나님을 영접한 직원도 있다는 가슴 벅찬 소식도 들려왔다. 찬양축제가 우리의 마음을 하나로 만들어 '하나님의 사랑'으로 환자를 돌보게 되기를 바란다. 무엇보다 이 귀한 행사를 통해 하나님께 찬양의 제사를 드리게 되어 참으로 기뻤다.

한국의 매기센터를 꿈꾸며

영국은 암환자의 삶의 질을 향상시키는 배려가 큰 나라이다. 그 대표적인 예가 매기 케스윅 젠크스Maggie Keswick Jencks가 설립한 매기센터Maggie's이다.

가든 디자이너인 그녀는 47세의 나이에 진단된 유방암이 5년 후 재발되어 2~3개월밖에 삶이 남아 있지 않다는 소식을 의사로부터 통보받고 충격으로 꼼짝도 할 수 없었지만, 다음 환자에 밀려 병원 복도에 혼자 내팽개쳐졌다. 충격에서 깨어난 후 암환자를 위한 최소한의 공간이 필요함을 절감한 그녀는 암에 직면한 환자 본인은 물론 가족, 지인들을 위한 공간과 지원 프로그램을 구상하던 중에 재발 3년 후인 1995년에 사망한다.

이듬해 그녀의 재력가 부친인 존 케스윅John Keswick이 매기센터를 개원하여 딸의 구상을 현실로 이루어 준다. 2020년 현재 영국에 27개소의 매기센터와 홍콩과 도쿄, 바르셀로나 센터를 운영 중에 있다. 매기센터는 암환자나 가족, 의료인 등 암과 관련된 모든 사람이 암 종류, 암의 진행상태나 치료와 관계없이, 예약도 필요 없이 아무 때나 무료로 이용 가능하다. 전문적이고 실제적인 다양한 심리적, 정서적 지원이 제공되며 성공회를 비롯한 종교의 영적 지원도 가능하다. 느긋하게 차를 마시거나 책을 읽는 등 자기가 좋아하는 것을 즐기기만 하는 것도 가능하다. 미술관처럼 매력적이고, 교회처럼 기도할 수 있고, 병원처럼 안심할 수 있으며, 자기 집처럼 편안하게 쉴 수 있는 곳이다. 2016년 기준 연간 20만 명이 매기센터를 방문한다.

매기센터의 건물들은 세계 최고의 건축가들인 스페인 구겐하임 미술관을 설계한 프랭크 게리, 뉴욕의 새 세계무역센터를 설계한 리처드 로저스, 서울 동대문디자인플라자DDP를 설계한 자하 하디드 등이 시간과 재능을 기부하여 건축학적으로도 기념비적인 건물들로 만들어졌다. 매기센터는 병원 가까이 위치하지만 독립된 공간으로, 무균실이나 병원의 접수직원도 보이지 않는 병원과는 전혀 다른 긍정적이고 평화로운 분위기의 공간이다. 모든 건축물에 큰 창이 있어 바깥 경치가 잘 보이고, 건축과 조경이 일체감을 주어 환자의 불안을 경감시킨다. 이곳을 이용한 암환자들은 친구 부모님 집 같은 인상을 받았다고 고백한다.

"죽음에 대한 두려움 때문에 삶의 즐거움을 잃지 말라."라는 정신으로 운영되는 매기센터는 암환자들의 세상과의 이별을 지원하는 곳이다. 호스피스의 전 단계에 해당한다. 우리나라 암환자들의 현실은 어떠한가? 우리나라 병원에는 급성기 치료만 있다. 암환자가 심리적, 정서적, 영적 지원을 받을 곳이 없다.

우리나라의 정서는 아픈 이들을 만나면 주위 사람 모두가 의사가 된다. 특히 암환자들이 병원에서 퇴원하면 주위에서 '무엇을 먹고, 어떤 치료를 받아서 나았다더라'는 '카더라'의 유혹에 빠진다. 물에 빠지면 지푸라기라도 붙잡는 심정에서 이런 근거나 증거도 없는 '카더라'에 흔들려 이것도 고아 먹고 저것도 다려 먹으면서 경제적으로 손실도 입지만, 적절한 전문진료 시기를 놓치는 일도 허다하다. 암환자의 치료를 위해서는 주치의사를 신뢰하고 매기센터와 같은 곳에서 의료 이외의 전문적 도움을 받으면서 조급함을 버리고 삶의 태도를 변화시키는 것이 필요하다.

연세암병원 개원을 준비하면서 영국의 매기센터를 유치하고 싶었다. 암병원과 바로 인접한 연세대학교 캠퍼스에 우리나라 최초 서양의학의 발상지인 제중원을 복원한 아름다운 한옥이 있다. 건축학적으로도 우리나라 전통한옥 건물이기 때문에 그 아름다움이 세계적인 건축가의 설계에 뒤지지 않을 것이다. 또 암환자의 정신적, 심리적, 영적 도움을 위한 연세대학의 관련 학과 교수들과 젊은 학생들이 있다. 이들을 자원봉사 인원으로 활용하면 환자들에게 전문적인 도움을 줄 수 있고 교육의 실습장으로도 활용할 수 있다. 오히려 영국의 매기센터보다도 우리만의 독특한 암환자의 쉼터가 탄생할 수 있다고 생각하였다.

이런 꿈을 실현시키기 위하여 대리인이 영국 매기센터를 방문하도록 하여 우리의 유치 의사를 전달했지만 아쉽게도 긍정적인 답변을 듣지는 못했다. 연세암병원 개원 시 암병원 5층에 완화의료센터를 개소하면서 매기센터를 유치하지 못한 아쉬움을 달랠 수밖에 없었다.

암병원 완화의료센터는 24시간 운영되는 12병상에 입원한 환자와 가족을 대상으로 하여 전인적 돌봄과 진료를 담당한다. 완화의료센터의 미션은 하나님의 사랑으로 투병 중 고통을 완화하고 인간의 존엄성을 유지하되 삶과 마지막 사별 과정이 평안하도록 돕는 것이다. 자원봉사자들과 함께 가족상담, 음악치료, 미술치료, 놀이치료, 생일 이벤트 등을 제공하고 있다.

Cure에서 Care로!

영국의 조경 디자이너 매기는 본인이 암 판정을 받았을 때 너무나 큰 충격이고 절망이어서 사지에 힘이 빠져 일어설 수조차 없었던 순간임에도 병원으로부터 다음 환자를 위해 자리를 비켜 달라는 요구를 받은 그때를 결코 잊을 수 없었다. 이후 암치료를 해나가는 과정에서 암환자를 위한 공간에 관심을 두고 전공분야인 건축디자인이나 설계부문 친구들의 재능기부를 통해 암환자를 위한 최소한의 공간을 미술관처럼 매력적이며, 교회처럼 기도할 수 있으며, 병원처럼 안심할 수 있고, 집처럼 편안한 곳으로 만들되, 집은 제2의 자아이므로 존중받고 있다는 느낌을 받아야 하며, 암환자를 충분히 이해하고 있어야 하고, 무엇보다도 병원과 가까우며, 디자인이나 소재 등이 획기적이어서 건축적 공감을 얻을 수 있는 집을 만들고, 그것을 '매기센터'라 했다.

이러한 매기센터의 사상을 바탕으로 연세암병원은 냄새에 극히 민감한 암환자를 위해 시멘트 냄새나 가구 접착제 냄새, 발암물질로 알려진 포름알데히드 등 일명 '새집증후군' 제로에 도전하여 새 병원 이전 후 냄새로 인한 암환자들의 VOCVoice of Customer(고객의 소리)가 완벽하게 해소됐는데, 이는 매기센터가 주는 영감을 한국적 상황에 맞도록 적극 변형해서 적용한 결과이다.

이처럼 과거에는 생각지 못했던 큰 흐름이 바뀐 것은, 원래 의료는 질병이 발병한 단계에야 개입한다는 '질병의 근원Pathogenesis'적 관점에서 발병하기 이전이나 치료 이후의 건강에 관심을 둔다는 '건강의 기원Salutogenesis'적 관점으로 패러다임이 서서히 옮겨 오고 있기 때문이다.

병원과 미술관 사이

세브란스 새 병원과 같은 건물의 준공허가를 받기 위해서는 건축비의 일정액을 미술작품 구매에 써야 한다. 적은 금액이 아니기 때문에 선정위원회를 조직하여 한국의 유수 화랑들에 미술작품 선정에 대한 안내를 하고 입찰을 실시하였다.

내부 의료원 교수들과 외부 동문들로 구성된 위원회에서 다양한 의견이 논의되었지만 각기 주장이 달라 작품 선정에 관한 결정을 얻기가 어려웠다. 입찰 참여 작품들이 대체로 수준들이 높았지만 회화와 조각 등 설치작품에 대한 위원들의 호불호 기준이 너무 상이하였기 때문이다.

외부의 전문가를 모셔서 큐레이터의 역할을 맡기기로 했다.

세브란스 병원 로비

미국 스미스소니언미술관 객원연구원과 갤러리현대에서 큐레이터를 하던 박규형 씨가 선정위원회를 도와 전시기획을 총괄하게 되었다.

세브란스 새 병원과 암병원의 전체 미술품 구성은 '구원'과 '생명수'의 컨셉트로 진행되었다. 신약성경 요한복음에는 예수님이 사마리아 여인에게 예수님 자신을 영원히 목마르지 않은 '생명수'라고 소개한다. 세브란스병원에서도 생명을 주는 생명수가 흘러넘쳐야 한다.

병원 로비 전면에는 김창열 작가의 가로 6미터, 세로 2.5미터나 되는 물방울 대작 〈가을〉이 걸려 있다. 그리고 병원건물 외부에 있는 4개 층에 걸쳐져 있는 〈천국의 계단〉에 조한기 작가의 타일벽화 〈벽〉이 설치되어 폭포수가 쏟아져 내려온다. 병원 실내 로비에는 곳곳에 실내분수를 설치하여 병원이 환자들

김창열 작가의 〈가을〉

정도준 작가의 서예작품

에게 '생명수'가 되고 싶은 염원을 나타내었다.

하나님은 '구원'이시다. 하나님은 우리를 구원하여 주시기 위하여 당신의 독생자 예수를 이 땅에 보내서서 십자가에서 피를 흘리고 돌아가게 하심으로써 인류를 죄에서부터 구원하셨다. 김창열 작가의 〈가을〉 옆에는 정도준 작가의 구약성경 이사야서에 나오는 "보라 하나님은 나의 구원이시라. 내가 의뢰하고 두려움이 없으리니 주 여호와는 나의 힘이시며 나의 노래시며 나의 구원이심이라. 그러므로 너희가 기쁨으로 구원의 우물들에서 물을 길으리로다."라는 가로세로 3미터, 4.5미터의 대형 서예작품이 위치하고 있다.

새 병원 외부공간에 설치한 김건주·신치현 작가의 〈구원의 터〉는 하늘을 향하여 두 손 모아 기도하는 형상으로 제작되었다. 새 병원 내부 로비에는 4개 층의 거대한 공간을 차지하는 아트리움이 있다. 이곳에 원인종 작가의 〈무지개 담은 하늘〉이라는 대형 설치작품이 공간에 매달려 있다. 성경의 구약 창세기에는 하나님이 대홍수로 방주에 탔던 노아의 가족만 살리고 전 인류를 멸망시킨 사건이 기록되어 있다. 하나님은 홍수 심판 이후 무지개를 보여 주시면서 다시는 홍수로 심판을 하지 않으시겠다는 구원의 약속을 하신다.

암병원에는 이재준 작가가 기부한 〈빛의 기둥〉이 있다. 암병

원인종 작가의 〈무지개 담은 하늘〉

원 입구에 있는 〈노아의 방주〉에 의료진과 환자들이 함께 타고 치유의 〈빛의 기둥〉을 향하여 구원의 항해를 하자는 의도로 제작되었다. 이렇게 세브란스 새 병원과 암병원의 대부분의 미술 작품들이 '구원'과 '생명수'라는 두 가지 주제로 구성되어 있다.

2009년, 환자와 내원객들에게 새롭고 다양한 문화예술 전시 공간을 제공하기 위해 화랑을 마련했다. 세브란스 새 병원 로비에는 크지는 않지만 화랑을 할 만한 공간이 있다는 것을 평소

눈여겨보고 있었다. 원래는 생수통을 두거나 간혹 공연에 필요한 피아노를 두던 곳이다. 이곳에 상설 전시공간인 '세브란스 아트 스페이스Severance Art Space'를 개관하였다. 환자들의 마음과 육신의 고통이 조금이나마 덜어지길 바라는 마음에서였다.

상설 전시공간인 '세브란스 아트 스페이스'는 유명 작가들의 작품들을 병원 로비에 전시함으로써 환자와 내원객, 교직원들을 위한 문화공간으로 자리 잡게 되었다. 3층 로비는 평소에 연

세브란스 아트 스페이스

예인이나 연세대 음대 학생들의 음악공연 등 다양한 공연이 열리던 곳으로, '세브란스 아트 스페이스'가 생기면서 종합 문화체험 공간으로 탈바꿈하게 된 것이다. 세브란스병원이 위치한 연세의료원 캠퍼스에 학생, 환자, 보호자, 직원 등 하루 유동인구가 약 3만 명 정도로 추산된다. 어느 곳의 화랑도 이렇게 많은 관람자를 확보한 화랑은 없으리라고 생각되었다.

'세브란스 아트 스페이스'는 아마추어 화가보다는 우리나라의 대가들을 모시는 화랑으로 운영되기를 운영위원회에 주문하였다. 첫 전시로 심문섭 작가의 〈The Presentation〉 사진전을 시작으로 백남준 초대전 〈Paik to the Future〉, 김창열 작가의 〈Water drops on paper〉, 하종현 작가의 〈자연의 원소적 상태로의 회귀〉, 이두식 교수의 〈Festival〉, 김효정·에디강 모자전 〈Like Mother Like Son〉, 테디베어 뮤지엄의 〈테디의 여행〉, 한미사진미술관 한국근대소장품 〈가족사진첩〉 등이 진행되었다. 특히 백남준 초대전 〈Paik to the Future〉를 위하여 소장 작품을 대여하여 주신 한국민속촌미술관, 보령제약과 개인소장품을 대여해 주신 분들께 감사의 말씀을 전하고 싶다.

지금까지 80여 분의 작가를 모셔서 환자들에게 커다란 힐링

첫 전시였던 심문섭 작가의 〈The Presentation〉 사진전

〈Water drops on paper〉의 김창열 화백이 작품을 설명하고 있다.

김창열 화백이 전시회 오프닝 행사에서 인사말을 하고 있다.

공간을 제공하였다. 화랑의 수준은 어느 작가의 전시회가 열렸는가에 의해 결정된다. '세브란스 아트 스페이스'는 어느 전문 화랑에 뒤지지 않을 만큼 우리나라 화랑계에서 내로라 하는 화랑으로 자리매김하고 있다.

사실 연세의료원 자체로는 이런 대가들을 초대할 능력이 없다. 박규형 큐레이터의 공헌이 큰 것이다. 병원은 병을 치유하는 것이 전문분야이기 때문에 진료 이외의 분야는 이렇게 전문가의 도움을 받아 병원을 문화의 공간으로 변화시켜야 한다.

2014년 개원한 연세암병원에도 다양한 작품들이 많이 구비되었다. 병원을 방문하는 환자, 보호자 및 병원 관계자가 예술작품을 통해 몸과 마음을 함께 치유하며 마음의 평화를 추구하는 작품들로 구성되었다. 내원객에게 좋은 작품이 걸려 있는 공간은 내적 휴식의 공간이 된다.

이용덕 작가의 〈나무와 자전거〉는 '역상 조각'이라는 새로운 개념의 조각을 선보이며 기존 조각에 대한 발상의 전환을 보여준다. 안으로 움푹 파인 음각으로 볼록 튀어나온 양각의 효과를 내며 일상의 스쳐 지나가는 사람들과 장면들을 포착, 지나가면서 이 작품을 보면 작품 속 자전거가 움직이며 따라오는 듯 보인다. 작품 〈기(氣)로 가득 찬 기(器)〉의 작가 김용진은 작은 금속 와이어를 캔버스에 촘촘하게 꽂아 도자기나 그릇(器)의 형상을 만든다. 소박하고 절제된 한국적인 미감과 작가의 새로운 예술적 표현으로 부드러움과 견고함을 지닌 형태로 탄생했다.

배준성 작가의 〈The Costume of Painter - Doodling on the wall S, little girl, a square〉는 사진과 회화의 경계를 넘나들며 독특하게 작업하는 작품으로, 보는 위치에 따라 그림의 이미지가 달라지는 렌티큘러 기법을 활용하여 하나의 장면만 표현할 수 있는 회화의 화면 위에서 여러 개의 이야기 층을 만들어 낸다.

암병원의 대형 기둥인 〈빛의 기둥〉 뒷면에는 김영호 작가와 여동헌 작가의 설치미술이 부착되어 있다. 김영호 작가의 〈Fish & Factory〉는 나무, 우레탄 페인트, 아크릴 채색, LED 조명과 모터 등을 이용하여 제작되었다. 물고기와 공장 그리고 통조림의 반복을 통해 인간(주체), 사회(제도), 현대인의 획일적이고 반복적인 삶을 반추하고 있다.

여동헌 작가의 〈양 날다〉는 자작나무와 아크릴 채색으로 구성된다. 여동헌 작가가 인간과 동물, 공간과 시간의 구분을 짓지 않고 원근감마저 배제한 채 관람객들에게 던지는 메시지는 행복감, 그리고 그 이상의 무엇을 통하여 관람객과의 상호작용을 이끌어 내고자 하는 것이다. 두 작품 모두 설치미술로, 어린이들에게 친근한 양과 움직이는 물고기를 표현하여 어린 환자

이용덕 작가의 〈나무와 자전거〉

배준성 작가의
〈The Costume of
Painter – Doodling
on the wall S, little
girl, a square〉

김영호 작가의 〈Fish & Factory〉

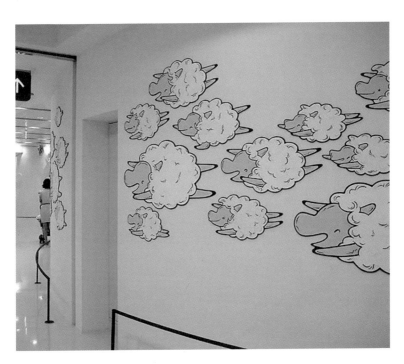

여동헌 작가의 〈양 날다〉

들이 무척 좋아하는 작품들이다.

병실에는 앤디 워홀의 실크스크린 프린트 작품이 있다. 이 작품을 상품처럼 선반에 늘어놓아 전시한 1962년 LA 개인전부터 앤디 워홀 스타일의 팝아트가 시작됐다. 이후로 워홀은 현대 사회와 사람들의 모습을 충실히 반영하는 거울이 됐고, '팝 아트의 제왕'으로 불렸다. 이런 작품들이 암병원 최고의 인테리어와 조화를 이루며, 아울러 다양하고 새로운 작품들이 서로 조화를 이루고 화합하도록 구성되어 있다.

기부작품으로는 암병원의 이재준 작가 〈빛의 기둥〉 외에 세브란스 새 병원 입구 현관에 서울 미대 전준 교수가 기부한 〈소리-만남〉이라는 대형 청동 조각작품이 위치하여 현관이라는 만남의 장소를 잘 표현해 주고 있다. 전준 작가는 자제가 연세의대 졸업생이라는 인연으로 기부를 하셨다.

세브란스병원은 진료받는 환자의 숫자, 즉 양적 경쟁에서는 이미 한 발자국 물러나 JCI를 통한 병원의 진료 질 향상과 환자 안전을 최우선으로 실천하는 병원으로 업그레이드되었다. 그리고 수준 높은 '세브란스 아트 스페이스' 같은 화랑과 '생명수'와 '구원'이라는 주제와 이야기가 있는 미술품의 전시로 인해 문화경영을 통한 '격의 병원'으로 변화하였다. '양'에서 '질'로, '질'에서 '격'으로 변신한 것이다.

part **2**

어쩌다 병원장

05

본질의 경영

하나님이 주인이신 병원

어느 조직이나 좋은 문화건 나쁜 문화건 간에 그 조직의 독특한 조직문화가 있다. 세브란스의 조직문화는 '주인 문화'이다.

사립대학 재단이사장과 KBO 총재를 역임하셨던 분이 세브란스병원에 입원하셔서 찾아뵌 적이 있다. 그분 말씀이,

"나의 평생의 지론이 어느 기관이나 주인이 있어야 한다는 것이었다. 그래야 기관이 발전하고 소멸하지 않는다. 그러나 세브란스병원에 입원하고 나서 이제 나의 평생 신념을 바꾸어야겠다. 주인이 없는 세브란스병원의 간호사를 포함하여 모든 교직원들이 이렇게 친절할 수가 있는가? 내가 느끼기에는 교직원 모두가 주인처럼 행동한다. 주인이 없어도 병원이 이렇게 운영

되는 것을 보고 큰 감명을 받았다."

오랫동안 경영일선에서 몸 바쳐 오신 선배님이 제삼자의 입장에서 세브란스의 주인 문화를 평가해 주시는 것에 큰 격려와 고마움을 느꼈다.

인센티브 같은 현대적 기업경영 방법은 결국 어떻게 하면 임직원들이 세브란스와 같이 모두 주인처럼 움직이게 하느냐를 고민하는 것이다. 그런데 과연 인센티브 제도가 조직구성원을 주인처럼 일하게 만드는 것일까? 인센티브를 너무 강조하다 보면 돈으로만 움직이는 조직이 된다. 국립대학병원의 예를 보더라도 강력한 인센티브를 실시하여 교수들 간에 임금격차가 너무 심하다 보니 의료진을 움직이는 힘이 돈에서 나오게 된다는 단점이 생겨난다.

세브란스병원의 젊은 교수들도 현대 경영기법을 도입하여 인센티브 제도를 들여오고 강하게 적용시켜 달라고 주문한다. 그러나 인센티브를 공정하게 주려면 우선 의사 개인의 기여도를 정확하고 정밀하게 평가하여야 한다. 그러나 세상 어디에도 완벽한 평가는 없다. 완벽하지 못한 평가로 인센티브를 과도하게 적용하면 반드시 불만이 생길 수밖에 없다.

이런 불만이 팽배해지면 주인의식이 희박해진다. 주인이라는 소명으로 내 병원처럼 사랑으로 일하는 교수들의 사기가 떨어질 수 있다. 백 년을 지나면서 세브란스를 지탱해 온 조직문화가 바로 내가 주인이라는 행동방식인데 주인의식이 흔들리면 큰 위기가 올 것이다.

연세의료원은 인센티브를 도입하자는 여론을 무시할 수 없어 무늬만 도입하는 정도로 아주 약한 인센티브 제도를 운영하고 있다. 주인의식은 돈으로 생길 수 없다. 주인은 월급을 받는다 해도 월급의 많고 적음에 따라 일하지 않는다. 종은 월급에 따라 일하지만, 주인은 사명감과 성취감 그리고 세브란스를 사랑하는 마음으로 일한다.

많은 교수들이 특근수당 같은 것은 청구할 생각도 하지 않으며 오로지 환자의 회복을 위하여 가족과 보내야 할 주말 시간도 자신의 환자 회진을 돌면서 가족을 희생한다. 주인처럼 일하는 교직원들을 보며 혹시 '병원장이나 의료원장들이 경영 전문지식도 없이 보직을 받았으니 불안하기도 하여 나라도 잘하지 않으면 이 병원이 망하는 것이 아닌가'라는 생각으로 열심히 맡은 바를 잘하는 것인지도 모른다는 생각이 들 때도 가끔 있다.

세브란스는 도움을 받을 곳이 없다. 연세대학 본부도 아니고, 정부도 아니고, 기업의 후원도 없다. 오로지 연세의료원의 수입으로 대학도 짓고, 병원도 지으며 살아야 한다. 기댈 언덕이 없다는 절박감이 있다. 그러나 항상 자랑스럽게 여기는 것이 세브란스병원, 연세의료원의 주인은 하나님이시다. 세상에서 제일 큰 '빽'인 하나님을 주인으로 모시고 있으니 두려울 것이 없다. 하나님이 100여 년 전 어둡던 조선 땅에 선교사들을 통해서 세브란스병원을 세우시고 지금까지 이끌어 주신 은혜에 늘 감사한다.

100년이 넘는 시간 동안 세브란스병원을 이끌어 온 것은 무엇일까?

사랑으로 지어 올린 병원

미국의 MD앤더슨암병원과 메이오클리닉Mayo Clinic 등은 전체 예산의 13%를 기부금으로 충당한다. 우리나라 병원들은 예산의 99%를 환자진료에 의존한다. 세브란스병원은 미국 기독실업인 세브란스의 기부에 의해 시작된 병원이다. 세브란스 135년의 역사는 기부의 역사이다.

1962년 서울역에서 신촌으로 이전 후 의료원 캠퍼스는 대학과 여러 건축물들이 지어졌다. 세브란스 새 병원 착공 당시인 2000년까지 40년간 건축면적은 5만여 평이었다. 의과대학, 치과대학, 간호대학 건물과 병원건물 곳곳에 기부자의 이름으로 명명된 많은 강의실과 회의실들을 볼 수 있다. 세브란스 새 병원 건축면적은 5만1천 평으로, 5년 만에 두 배로 건축면적이 늘어나는 대역사였다. 그러나 이 대역사를 이룰 건축비 재원 마련이 큰 문제였다.

건축을 논의하고 설계하던 당시는 우리나라가 IMF 구제금융을 받던 시기이다. 모든 분야에서 절약만이 살 길이었다. 예를 들면 수도요금을 아끼기 위해 변기 수조에 벽돌을 넣어 벽돌만큼의 물을 절약하였다. 병원 의무기록은 법적으로 보관해야 하는 의무기간이 있다. 뇌파를 기록하는 뇌파기록지는 어느 기록보다 사용하는 종이 양이 방대하다. 의무 보관기간이 지난 뇌파기록지를 이면지로 활용하여 모든 행정서류 작성 종이 비용을 절약하였다. 지금은 모든 의무기록이 전산화되어 종이 의무기록이 없지만 오래전의 이야기이다. 이렇게 눈물겨운 절약으로 새 병원 건축비 마련에 안간힘을 썼다. 이런 절약정책으로 건축자금을 마련한 것은 당시 이경식 세브란스병원장과 한동관 연세의료원장의 공로이다.

IMF 구제금융이 시작되자 연세의료원 노동조합은 임금협상에서 크나큰 세브란스 사랑을 보여 준다. 그해에 노동조합이 임금협상을 시작한 이래 처음으로 임금을 동결하기로 동의한 것이다. 노동조합과 교직원 모두가 큰 기부를 한 셈이다. 이렇게 절약과 함께 의료원 구성원의 임금동결분으로 마련된 자금이 새 병원 건축의 밑거름이 되었다.

연희전문학교와 세브란스의학전문학교가 1957년 합동하여 연세대학이 탄생하였다. 연세의 '세'는 세브란스 이름에서 따온 것이다. 양교가 합쳐진 것은 세브란스의학교와 연희전문학교 양교 교장을 17년간 겸임한 에비슨 선교사의 헌신이 그 뿌리가 된 것이다. 한 학교가 어느 한 학교에 흡수 합병된 것이 아니고 연합, 즉 대등한 위치로 '합동'된 것이다.

연세는 미국 개신교가 한국에서 기독교를 전파하기 위하여 앞세웠던 의료와 교육의 양대 기관을 합동하여 탄생한 기관이다. 그런 연유로 연세대학교 정관에는 연세의료원 재정을 학교 본부의 재정과 분리하여 운영한다고 명시되어 있다. 즉 병원이나 의료원 산하 3개 대학 건물도 의료원이 독자적 재원을 마련하여 건축비를 준비하여야 하는 것이다.

2004년 건축공사를 마친 세브란스 새 병원 건물은 6천여 명의 기부자가 모아 준 500억 원이 의료장비를 제외한 순수 건축비의 3분의 1을 감당하였다. 그리고 기부금과 함께 내부에서의 물자절약과 임금동결로 발생한 자금이 병원 건축의 큰 재원이 되었다.

2014년 개원한 연세암병원은 2천여 명의 기부자들이 기부한

460억 원이 큰 힘이 되었다. 세브란스 새 병원과 마찬가지로 암 병원의 강당, 회의실, 병실 등 58개 공간이 기부자의 이름으로 명명되어 있다. 세브란스의 이름이 백 년을 지나서도 세브란스 병원으로 남아 있는 것처럼 이분들의 이름도 건물이 존속하는 한 영원히 남을 것이다.

일반인들의 연세의료원 기부에 큰 몫을 하여 주는 이들이 교수들이다. 담당 환자부터 지인과 가족까지 기부자들에게 가장 영향력 있게 기부를 권유하는 이들이다. 교수들을 대상으로 기부에 대한 교육을 주기적으로 실시하는데, 그때 충격적인 사실을 듣게 되었다. 미국에서 기부를 할 만한 재력과 의사가 있으나 기부하지 않은 사람을 대상으로 그 이유를 질문하였더니 예상과 전혀 다른 결과가 나왔다는 것이다. 기부를 권유받지 못해서 기부를 하지 않았다는 대답이 가장 많은 50%를 차지했다. 기부 권유만 있었더라도 기부를 할 수 있는 많은 사람이 누군가의 권유를 기다리고 있는 것이다.

의사들은 아픈 이들을 대하다 보니 환자나 보호자로부터 부탁과 배려를 요청받는 것에 익숙하다. 거꾸로 의사들이 누구에게 부탁과 요청을 하는 일은 드물다. 더군다나 자신도 아닌, 병원의 건축을 위해 그리고 대학의 학생 교육과 연구를 위해 기부를 요청하려고 할 때 입술이 잘 떼어지지 않는 것은 당연하다.

입술을 여는 데는 용기와 훈련이 필요했다. 그러자 어려움을 무릅쓰고 교수들이 기부를 요청하기 시작했다. 거절당하는 두려움과 거절 후 나타날 관계의 어색함을 무릅쓰고 적극적으로 기부를 권유하기 시작한 것이다.

의료원 기부에 대한 교육과 기획을 자문하는 '도움과 나눔'의 최영우 대표에게 이런 질문을 한 적이 있다.

"의료원장으로 가장 큰일 중의 하나가 기부를 활성화시키는 것입니다. 최 대표가 아시는 것처럼 저는 사교적이지 못하고 성격도 내향적입니다. 술이나 골프도 못합니다. 이런 사람이 어떻게 기부를 활성화시키겠습니까? 자신이 없습니다."

최 대표는 이렇게 말했다.

"명함을 수천 장 가지고 계신 원장님도 알고 있습니다. 기부를 하시는 분들은 인생을 오래 살아서 만나는 사람의 외면보다 진실성을 먼저 알아봅니다. 아마도 외향적이고 적극적인 분보다 더 기부를 활성화시키실 겁니다."

듣기에 좋으라고 한 말이겠지만 그래도 큰 용기를 주는 말씀이었다.

세브란스는 기부로 시작된 병원이며 기부로 발전되어 왔기에 내부 교직원이나 동문들은 기부가 자연스럽게 몸에 배어 있다. 암병원을 건축할 때 공사장 면적이 방대하여 의료원 신촌캠퍼스 내에 주차공간이 많이 사라지는 통에 환자들이 주차할 곳도 부족하였다. 이 지경에 이르니 교수들이 자진하여 자신의 주차공간을 환자들에게 양보하고 대중교통을 이용하기 시작했다. 교수들은 금전적으로도 기부에 참여하지만 병원 건축이 진행되는 동안 자신들의 주차공간도 이렇게 기부를 했던 것이다.

교수들은 기부자에게 세브란스의 기부 역사를 전해 주면서 이렇게 말한다.

"세브란스는 주인이 없습니다. 나라의 도움도, 기업의 도움도 없이 여러분의 도움으로 백 년을 지나왔습니다."

그리고 다음으로는 기부를 수락한 분들에게 어떠한 분야로 기부를 할 수 있는지 설명을 드린다. 어떤 분은 경제적으로 어려운 환자의 진료에, 어떤 분은 불치병 치료 연구에, 어떤 분은 학생 교육에, 어떤 분은 병원과 대학 건축에, 또는 의료선교에 기부를 하기를 원한다. 연세의료원의 기부를 담당하는 부서인 발전기금사무국에서는 분야별로 기부 세부항목들을 준비해 두고 있어 그 항목이 50여 개에 이른다.

노아의 방주 타고 치유를 향한 빛의 기둥으로

한국의 4대 병원Big 4에는 세브란스병원이 포함된다. 나머지 3개의 병원 중 한 곳은 국가의 재정지원으로, 그리고 나머지 2개 병원은 기업의 후원으로 설립되고 운영된다. 국가나 기업으로부터 도움 없이, 원가에도 못 미치는 저수가 의료보험 시대에 세브란스병원이 이들 병원과 나란히 4대 병원에 포함된다는 것은 기적이다. 더군다나 100년 이상 지속되는 기업이나 기관이 드문 세상에 135년간 꿋꿋하게 우리나라 국민의 의료를 위하여 지속가능 사회적 병원으로 생존하고 있는 것이다.

이러한 기적의 원천에는 기부금이 있다. 세브란스병원은 역사적으로 100여 년 전 미국의 기독실업인 세브란스의 기부로부터 시작된 병원이기 때문이다.

1969년 11월, 국내 최초로 암환자를 위한 전문 치료병원으로 세워진 연세암센터는 2014년 4월에 3만2천 평의 새 건물로 이전하면서 국내 최고의 암병원인 연세암병원으로 새로운 출발을 했다. 암병원 입구에는 〈노아의 방주〉와 2층부터 7층까지 높이의 〈빛의 기둥〉이 있다. 암환자와 암병원 의료진이 함께 〈노아의 방주〉를 타고 생명과 치유의 〈빛의 기둥〉을 향해 함께 긴 항해를 하자는 뜻을 실었다.

성경에 보면 지구의 전 인류를 멸망시킨 대홍수에서 하나님을 믿고 하나님의 지시를 따라 미리 준비한 방주에 탔던 노아의 가족만이 살아남는다. 〈빛의 기둥〉은 "내 이름을 경외하는 너희에게는 의로운 해가 떠올라 치료하는 광선을 발하리니(말 4:2)"라는 성경 말씀에 있는 치료하는 광선을 의미한다.

〈빛의 기둥〉은 6,568개의 세라믹 타일을 개별 제작, 5개 층에 해당하는 높이 30m, 둘레 19m의 커다란 기둥에 부착하여 완성하였다. 더구나 암병원의 상징 중 하나인 〈빛의 기둥〉을 구성하는 타일 한 장 한 장을 발전기부금 기부자와 연결하여, 교직원은 물론 연세암병원 발전을 기원하는 기부자 모든 분들의 이름을 타일 뒷면에 새겨 넣음으로써 환자의 건강을 기원하는 정성이 하늘과 닿는다는 의미를 담아 조성되었다. 〈빛의 기둥〉을

<노아의 방주>와 <빛의 기둥>

장식한 세라믹 타일을 제작하고 기부하신 이재준 작가의 재능
기부에 다시 한번 감사의 뜻을 전한다.

　이러한 재능기부도 있었지만 연세암병원 건축기금을 모으기
위한 '빛의 기둥 프로젝트'도 진행되었다. '빛의 기둥 프로젝트'
에 물질적 후원을 하는 분들이 동참하여 암병원 건축비의 일부
인 460억 원이 2천여 명의 기부로 마련되었다.

암병원에서 치료를 받는 환우들과 가족들은 병원 검사와 치료에 관련된 시설에 들를 때마다 기부자의 이름을 발견하게 된다. 100여 년 전 세브란스의 기부로 지어진 세브란스병원, 연세암병원의 곳곳에서 제2, 제3의 세브란스를 발견하게 된다. 다른 어떤 병원보다도 세브란스병원에서 기부자의 이름을 기리는 시설들을 볼 때 더욱 기부자의 고마움을 가슴에 새기게 된다.

암병원 기부자 현판

연세암병원에 기부해 주신 고마운 분들

연세대학 전 재단이사장이며 조선일보 방우영 회장이 기부하신 암지식정보센터, SBS 윤세영 명예회장이 기부하신 서암강당, 연세대학교 총동문회장 박삼구 회장의 금호아시아나 가든, 전 연세대 김병수 총장과 차병원그룹 차광열 회장의 김병수-차광열 장기외래항암물치료실, 삼륭물산 조락교 회장의 소아청소년 암센터와 암병동, 재미 의과학자 윤인배 수술실, SPC그룹 회장 허영인 수술준비실, 후원자 오길순 초음파센터, 해태크라운홀딩스 회장 윤영달 내시경검사실, 동진통상 회장 안교선 단기외래항암물치료실 등이 있다.

병실 각 층마다 병동휴게실이 마련되었다. 에머슨퍼시픽그룹 이중명 회장, HB그룹의 문흥렬 회장, 송자 전 연세대 총장, 오토젠 대표이사 이연배, 연세 의내 동문 안여하, 양지실업 회장 정석주, 우영산업 대표 김영호, 영화배우 정혜영의 기부로 환자 치료공간과 완전히 분리된 쾌적한 보호자 쉼터가 만들어진 것이다.

신일학원 이사장 이세웅-이상균 폐암-식도암-두경부암센터, 한국비철 창업주 안상현-김영옥 간암센터, 월연농장 대표 한종연 대장암센터, 리홈쿠첸 회장 이동건 베스트팀 진찰실, 세호 대표 김선두-조광예 진찰실, 이영택 통합진찰실, 대공개발 회장 김대중 심전도실, S&S INC 회장 양주현 환자가족대기실, 후원자 배화자 기념 회의실, 강산건설 대표 박재준 세미나실, 서울금속상사 대표 도무조 세미나실, 행남자기 회장 김용주 인터벤션실, 한국도자기 회장 김동수 감마카메라촬영실, 네패스 회장 이병구 라이낙치료실, 고성아스콘 대표 김오현 라이낙치료실, 한양철강공업 회장 이두원 C-T촬영실, 후원자 최은순 촬영실, 교육문화사 회장 김원지 C-T Simulator실, 콜텍 회장 박영호 CORT치료계획실, 에스엔씨시스템 회장 장두식 모의치료실, 루키버드 감사 정인숙 암정보실, 영원무역 대표 성기학 골밀도검사실 등이 마련되었다.

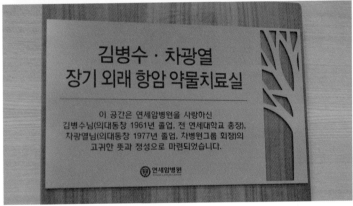

병원 곳곳에서 제2, 제3의 세브란스를 발견하게 된다.

연세의대 동창회장들의 기부도 줄을 이어 이승호 회의실, 전굉필 갑상선암센터, 홍영재-지창수 진찰실, 한승경 위암센터가 명명되었다. 연세대 교수인 주인기 촬영실, 최재성 진찰실이 있다. 연세의대 동문들도 기부에 참여하여 주정빈 PET-CT촬영실, 한상영-백신옥 혈액암센터, 김준걸 촬영실, 지금호 진찰실, 청량리정신병원장 장동산 베스트팀 진찰실, 광혜병원장 박경우 라이낙치료실 등이 기부되었다.

퇴직직원인 유병창 암정보실이 마련되고, 연세의료원 노동조합도 1억 원의 기부가 있었다. 새벽교회 이승영 목사의 단기관찰실, 벧엘교회 박광석 목사의 가족대기실 등 총 58실이 기부자 예우공간으로 명명되었다.

2011년 온누리교회는 주일 예배 중 특별 헌금인 비전헌금을 통하여 연세암병원 건축헌금으로 1억3천만 원을 기부하였다. 비전헌금은 교회 자체가 아닌 외부 기관을 후원하기 위하여 사용된다. 헌금 참여 신자 한 사람이 1만 원 정도 헌금하기 때문에 온누리 교인 약 1만3천 명이 연세암병원 건축 기부에 동참하신 것이다. 이렇게 해서 암병원 7층에는 '온누리채플'이 마련되었다. 온누리교회는 2003년에도 이미 세브란스 새 병원 건축헌금으로 3억 원을 기부한 바가 있다.

기부자 중에는 자신의 치유에 감사하여 동참한 NOKIA 이재욱 회장과 같은 분들도 있지만 또 다른 눈물겨운 사연도 많이 있다. 암과 투병하던 가족은 곁을 떠났지만 더 나은 암 치료와 암 연구 발전을 위한 남은 가족들의 기부이다. 부친을 잃은 한시연 가족, 부인을 잃은 심성택 가족, 아들을 떠나보낸 김인환 가족 등의 눈물겨운 기부가 있었다.

정혜영-션 부부의 암병원 기부금 전달식 중에

캐나다 밴쿠버 시내에는 골육종이란 암으로 오른쪽 다리를 절단하고 의족을 가지고 암 연구기금 모금 마라톤인 '희망의 마라톤Marathon of Hope'을 시작한 테리 폭스의 기념공원이 있다. 그가 사망한 후 세계 60개국 이상에서 매년 그의 업적을 기리기 위하여 '테리 폭스 달리기' 대회가 개최된다. 세계에서 가장 큰 암 연구를 위한 1일 자선모금 운동이다. 우리나라에서도 '테리 폭스 달리기'가 열린다. 주최자인 주한 캐나다 대사관에서는 행사 후 당일 모금된 암 연구기금을 연세암병원에 기부하였다.

이렇게 많은 기부자의 건축기금 모금은 미국의 하버드 의과대학 교수직도 마다하고 귀국하여 연세암센터의 초창기부터 연세암병원으로 개원하기까지 진정한 사랑과 열정으로 우리나라 암환자 진료의 발전에 지대한 공헌을 한 김병수 전 연세대 총장의 기여에 힘입은 결과이다. 실제적 기부금 모금을 위한 연세암병원 건축위원회 위원장을 감당하여 주었고, 김병수 총장 본인도 유산을 포함하여 19억이라는 거액을 기부하였다.

기부문화를 선도하는 병원

세브란스의 기부로 시작된 연세의료원은 기부문화를 선도하고 확산시켜 나가기 위한 노력을 운명적으로 하고 있다. 기부금은 2003년 100억에서 2010년에는 200억 원, 그리고 2019년에는 315억 원의 최대 기부금을 수혜하였다.

2019년 기부금 내용을 보면 발전 기부금이 64%, 사회사업 기부금이 16%, 건축 기부금이 8%, 장학 기부금이 4%, 의료선교 기부금이 3%이다. 의료선교 기부금이 있다는 것도 세브란스의 기부의 뜻을 이어 가는 큰 힘이 되고, 다른 의료기관에서는 볼 수 없는 부분이다.

기부한 분들을 보면, 개인과 환자의 기부가 46%로 가장 많고, 퇴직교원 포함 교직원이 28%, 기업 11%, 동문과 동창들이 10%의 기부를 담당하였다. 동문들의 세브란스 사랑은 학창시절부터 듣고 배운 기부정신이 자연스럽게 졸업 후에도 이어지고 있는 것이다.

고액 기부자 외에 다수의 소액 기부자의 십시일반도 큰 힘이 된다. 2019년 6,468명의 기부자 중 가장 많은 기부자는 69%를 차지하는 4,473명의 의료원 교직원들이었다. 의료원 직원 2명 중 1명이 기부에 동참하고 있다. 봉급의 1%를 기부하고 '세브란스 1% 나눔'에 동참한 교직원들은 세브란스의 주인이라는 의식을 가진 자랑스러운 의료원 가족들이다.

기부를 받으려면 막연하게 기부를 권유하는 것보다 기부자의 원하는 목적에 맞는 맞춤 기부 항목을 많이 준비하여야 한다. 예를 들면 암과 희귀 난치병 환자 진료비 지원을 위하여 받은 기부금 47억 원으로는 2천여 명의 환자에게 진료비 지원이 이루어졌고, '선한 사마리아인 SOS 프로젝트'에 기부된 8억 원으로는 무연고 응급환자 468명의 의료비를 지원하였다.

세브란스 발전위원회 위원장이신 허동수 GS칼텍스 회장은 2010년부터 여러 번 장학금을 기부하여 그 기부금액이 20억 원 이상에 이른다. 그 외에 많은 분들이 장학금 기부에 동참하여

2019년 의과대학 232명, 치과대학 104명, 간호대학 112명, 총 448명이 수혜를 받았다. 동화기업 연구비와 CMB-YUHAN 연구비로는 의학 연구를 지원하였다.

이러한 도움의 손길은 해외에까지 이르러, 가난과 현지 의료기술의 한계로 치료받기 어려운 해외 환자를 위하여 '글로벌 세브란스, 글로벌 채리티'가 운영된다. 의료선교 기부금으로는 지금까지 케냐, 탄자니아, 짐바브웨, 몽골 등 13개국 의료 저혜택국가 의사 29명을 초청하여 세브란스의 우수한 의료기술을 연수시켰고, 해외파송 선교사 진료 후원기금을 통하여 651명의 해외파송 선교사 진료비 2억3천만 원을 지원하였다.

기부금은 의료원의 사명인 "하나님의 사랑으로 인류를 질병으로부터 자유롭게 한다."의 실천을 뒷받침하는 큰 힘이다. 최근 일부 기관의 기부금 유용이 사회적으로 큰 문제가 되고 있다. 세브란스병원처럼 기부금으로 사명을 실천하는 입장에서는 기부금의 정확한 사용에 관해 세브란스가 사회의 모범을 보여야 한다고 생각되었다.

마침 세계적인 다국적 회계기업 KPMG의 회계사들의 시간과 재능 나눔운동이 시작될 때였다. 연세의료원의 기부금 회계를 의료원 회계와 분리하여 독립적인 회계시스템을 구축해 기부금 회계의 투명성을 더욱 확실히 해줄 것을 부탁하였다. KPMG 회계사들의 재능기부로 연세의료원 기부금 회계는 어느 자선단체보다도 투명한 회계시스템을 갖추고 있다. 기부금을 담당하는 의료원 발전기금사무국 직원의 인건비조차 의료원 지출예산으로 편성하였다.

언젠가는 우리 사회도 기부금 사용의 투명성 문제로 기부운동이 쇠퇴할 것을 대비하여 선제적으로 기부금 회계 운영에 관하여 투명성과 신뢰성이 있는 제도를 마련해야 할 것이다.

'I am Severance',
나도 누군가에게 세브란스가 되고 싶다

자본 캠페인Capital Campaign은 정해진 기간에 일정한 목표를 가지고 행하는 모금활동을 말한다. 연세의료원은 자본 캠페인을 '집중 거액모금 캠페인'이라고 부르기로 결정하였다. 이는 비영리단체인 병원이나 교육기관들이 새로운 건축이나 연구활성화 같은 구체적 프로젝트를 위한 자금 마련을 위하여 이용한다.

개인적, 개별적으로 모금을 시작하는 '조용한 단계'와 사회에 크게 알리면서 모금 캠페인을 하는 '공공 단계'의 두 가지 중요한 단계가 있다. 연세의료원은 연세암병원 건축을 위하여 조용한 단계의 모금 캠페인을 진행하다가 암병원 건축이 눈앞으로 다가오자 공공 단계의 '집중 거액모금 캠페인'을 하기로 하였다.

암병원 건축과 대학의 연구 및 교육을 위한 공공 단계의 '집중 거액모금 캠페인'이 바로 세브란스 후원의 밤 〈I am Severance〉였다. '나도 누군가에게 세브란스가 되고 싶다'라는 부제목을 달았다. 2011년 11월 21일 〈I am Severance〉 행사가 그랜드인터

컨티넨탈 그랜드볼룸에서 열렸다. 500여 명의 기존 기부자와 잠재 기부자들을 모시고 이렇게 말씀드렸다.

"세브란스, 그는 누구일까요? 세브란스는 1900년 미국 카네기홀에서 열린 조선 의료선교에 대한 에비슨 선교사의 강연을 듣고 감동을 받아 우리 조선 땅에 최초의 현대식 병원을 세우도록 1만 달러를 내놓았고, 그 돈을 기부할 때 이렇게 말했습니다.

'받는 당신보다 주는 나의 기쁨이 더 큽니다.'

세브란스, 이제 그가 사망한 지 100년이 되어 갑니다. 그는 살아 있을 때 이곳 조선 땅에서 고작 3개월밖에 머물지 않았지만 세브란스의 말과 그의 말 속에 담긴 '주는 정신'은 100년 동안 세브란스를 우리 땅에 살아 있게 했습니다. 100여 년 전 조선 최초의 서양 의사들, 바로 한국 서양의학의 근원이자 세브란스의 모태가 된 의사들은 모국의 부와 명예 그리고 안락한 삶을 모두 버리고 척박한 조선 땅을 찾아왔습니다. 이들은 무엇 때문에, 무엇을 위해 그런 희생을 감수하며 이 땅을 찾아왔을까요? 우리가 면면히 지켜야 할 정신은 나누는 기쁨, 주는 기쁨입니다. 이 기쁨은 예수님에서 사도바울로, 다시 세브란스에게로 이어져 그의 삶으로 실천되었습니다. 이제는 우리도 누군가에게 세브란스가 되어야 합니다."

감사하게도 후원자님들께서 세브란스의 마음을 읽어 주셨다. 행사 결과 200여 분이 놀랍게도 100억 원이 넘는 후원금을 약정하여 주셨다. 고액 약정으로는 김철호 본아이에프 대표가 세브란스병원 저의료혜택국가 선교발전기부금으로, 연세의대 동문인 김영진 신촌연세병원 원장이 연세의대 발전기부금으로 각각 10억 원을, 연세의대 동문인 이경률 SCL Healthcare Group 회장이 의료원 발전기부금으로 7억 원을, 안교선 동진통상 회장이 암병원 건축기금으로, 윤영달 크라운해태 회장이 세브란스병원 발전기금으로 각각 5억 원을, 최진민 귀뚜라미그룹 회장이 의과대학 연구장학기금으로 3억 원을, 우태하 한승경 피부과의 한승경 원장이 세브란스 역사박물관 건립을 위하여 3억 원을, 정인숙 루키버드 고문이 의과대학 장학기부금으로, 이두원 한양철강공업 회장이 암병원 건축기금으로 각각 2억 원을 약정하였다.

1억 원을 약정한 분들은 이수영 OCI 회장, 안유수 ACE 침대 회장, 백성학 영안모자 회장, 김정수 제이에스앤에프 회장, 윤일정 미래도시개발 회장, 유재훈 AIF Global Network 회장, 김호용 한샤인 인터내셔날 회장, 최재우 ITG Seoul 대표, 김동수 한국도자기 회장, 이병구 네패스 회장, 허진규 일진그룹 회장, 우선복 님 등이다. 그리고 의과대학 동문으로 전굉필 연세의대 동창회

세브란스 후원의 밤 〈I am Severance〉에서

장, 김성규 전 세브란스병원장 그리고 손홍규, 김경남 치과대학 교수 등이 각각 1억 원을 약정하였다. 위처럼 약정한 분들이 약정액을 완납하여 약속을 지켜 주셨다. 한국 기부문화의 새로운 물길을 열 유산과 재능 기부의 뜻을 밝히신 분도 계셨다.

세브란스 후원의 밤 〈I am Severance〉는 세브란스를 사랑하는 마음이 더 커지고 '세브란스인'이라는 것이 뿌듯해지는 시간이었다. 하나가 되는 세브란스 후원자들을 보며 세브란스를 성장시키는 힘이 어디에서 나오는지 알 수 있었다. 작은 씨앗을 뿌리듯, 세브란스를 향한 사랑과 감동을 마음에 심고 앞으로 그 씨앗에 열심히 물 주고 가꿔야겠다 다짐해 보는 시간이었다.

우리나라 의료기관으로 첫 번째인 연세의료원의 집중 거액모금 캠페인 〈I am Severance〉가 언론에 알려지자 많은 의료기관들이 관심을 가지기 시작하였다. 특히 의료원장, 병원장들, 그리고 학교재단에서 많은 관심을 가지고 의료원을 방문하였다. '집중 거액모금 캠페인'을 시작한 연세의료원 발전기금사무국 책임자 김원호 교수가 가장 바쁜 사람이 되어 버렸다.

수술 전 기도하는 의사들

세브란스 새 병원 건축 시에 재난이나 원내 안내방송을 위하여 법적으로 의무 설치해야 할 스피커가 3천여 개나 되었다. 스피커는 내장되어야 하기 때문에 건축공사 중에 설치해야 한다. 세브란스 구 병원의 스피커는 30~40년이 지난 노후된 기계라 안내방송이 잘 들리지 않을 정도였다. 그런 오래된 스피커임에도 찬양곡 방송을 했다. 워낙 스피커 음질이 나쁘다 보니 성악곡을 틀면 음악이 아니라 소음이 되었다. 그래서 단일 악기로 된 찬양곡만 골라서 방송을 하였다.

새 병원 건축 중에 진찰실이나 병실 같은 공간을 제외한 공청지역의 스피커 800여 개를 재난방송용이 아닌 음악감상용 스피커로 교체하고 싶었다. 그런데 스피커 교체에 비용이 거의 1억 정도 추가되는 것이 문제였다. 스피커는 매립되기 때문에 공사 중에 설계에 반영된 기종에서 음악방송용으로 교체하지 않으면 준공 후에는 설치가 불가능하다.

강진경 의료원장께 수차례 간청을 드린 후 결재를 얻었다. 그 후 새 병원에서는 아침 일찍 회진을 위해 조용한 병원 로비를 지나다 보면 JBL 스피커에서 흘러나오는 플루트 연주 찬송가가 그렇게 은혜로울 수가 없었다.

세브란스 새 병원 건축을 위해 교회에 기부 요청을 할 때의 일이다. 어느 교회 목사님의 말씀이 충격적이었다.

"세브란스병원이 기독병원인가요? 왜 교회가 세브란스병원 건축에 기부금을 내야 하나요?"

병원에는 그 병원의 고유한 색깔이 있다. 국립병원은 관공서 같은 느낌, 기업이 세운 병원은 그 기업의 고유한 조직문화를 느낄 수 있다. 가톨릭병원을 방문하면 신부님과 수녀님들의 모습을 자주 볼 수 있기 때문에 가톨릭병원이라는 생각을 금방 하게 된다. 그런데 세브란스병원은 기독병원이면서 많은 사람에게 기독교 병원의 색깔을 느끼지 못하게 한 것이다.

원목실 목사님들께 부탁하여 환자에게 위로가 되고 치유를 소망하는 성경구절을 준비해 달라고 하였다. 이렇게 20여 개의 성경구절 시안이 준비되고 그 디자인이 완료되었다. 성경구절들은 엘리베이터 내부에, 건물 내외벽 배너에, 병원 홈페이지에 게재되었다. 환자가 침대에 누워서 이동하는 수술실의 회복실 천장에도 성경구절을 부착하였다.

환자들이 가장 좋아하는 말씀이 이사야서에 기록된 "두려워하지 말라. 내가 너와 함께함이라. 놀라지 말라. 나는 네 하나님이 됨이라. 내가 너를 굳세게 하리라. 참으로 너를 도와주리라. 참으로 나의 의로운 오른손으로 너를 붙들리라."라는 구절이다. 귀로 찬송가를 들으며 눈으로 성경구절을 보면 환자나 내방객에게 하나님의 사랑이 전달되지 않을까 하는 염원이 있었다.

연세의료원 한동관 의료원장은 2000년 밀레니엄 시대를 맞으면서 의료원의 미션을 "하나님의 사랑으로 인류를 질병으로부터 자유롭게 한다."라고 선포하였다. 선포된 미션은 의료원 교직원의 중지가 모인 것이었다. 이 세상 모든 병원은 인류를 질병으로부터 자유롭게 하는 것이 미션이자 사명이다. 그러나 세브란스는 이 미션을 하나님의 사랑으로 수행하겠다는 의지를 천명한 것이다.

미션이나 사명은 배너나 인쇄물의 빈 공간을 채우는 기능으로 끝나서는 안 된다. 선포된 미션은 실제로 현장에서 적용되고 실천되어야 한다. 의료원의 예산집행이나 사업을 결정할 때 최우선 순위가 되어야 한다.

미션을 수행하려면 가장 먼저 모든 교직원의 마음에 하나님의 사랑이 있어야 할 것이다. 하나님의 사랑을 진료현장에서 실행하기가 쉬운 일은 아니다. 그러나 어렵고 오랜 시간이 걸리더라도 한걸음 한걸음씩 차근차근 시작하기로 했다. 환자들에게 가장 영향력이 있는 의사들이 선포된 미션을 실천에 옮기는 것이 가능할까?

수술실에 들어가기 전 환자들은 마음속으로 "내가 살아서 다시 수술실 문을 나올 수 있을까?"라는 걱정을 한다. 특히 힘들고 어려운 수술을 받는 환자일수록 이런 걱정이 더욱 앞선다. 그래서 수술실 가기 전에 거쳐 가는 장소인 마취준비실에서 전도사님들이 환자를 위해 기도를 드리고 있었다. 기도를 권유하면 마음이 가난한 상태인 환자들은 기도를 승낙하고 적극적으로 기도에 참여한다. 전도사님들이 요청하면 스님도 절대자에 대한 간구기도를 부탁하는 경우도 있었다.

환자를 위한 기도를 집도의나 마취과 의사가 직접 드리면 더욱 환자들이 안심하지 않을까? 의료원 원목실장이신 한인철 목사께 의논을 드렸더니 대찬성이었다. 그 후 6개월간 한인철

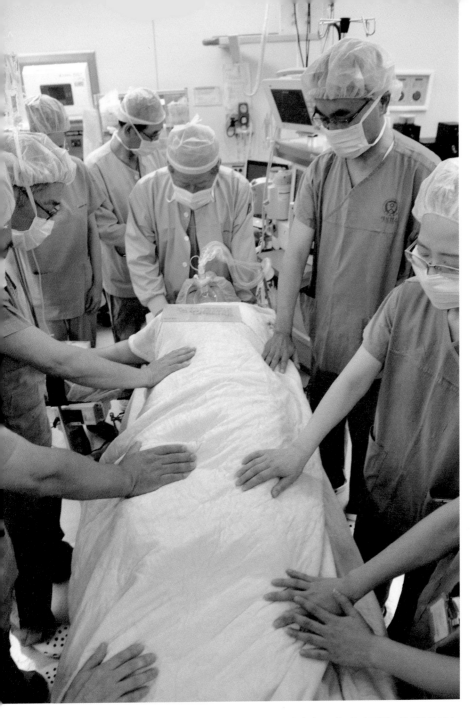

"이제 수술을 시작하려고 합니다." 수술 전 기도하는 의사들의 모습.

목사님은 수술에 참여하는 모든 교수들을 찾아다니며 '기도로 함께하는 의사' 프로젝트의 취지를 설명하고 참여를 권유하였다. 2013년, 마취과 의사로서 첫 기도는 세브란스병원 본관 수술실에서 신양식 과장이 시작해 주었다. 집도의의 첫 기도는 신경외과 윤도흠 부원장이 심장혈관병원 수술실에서 시작하였다.

'기도로 함께하는 의사' 프로젝트가 시작되고 얼마 후에 마취과장 신양식 교수가 이런 보고를 했다. 수술 후 회복실에서 환자들은 진통제를 많이 원하는데 기도를 시작한 후로는 진통제 사용량이 절반으로 감소했다는 것이다. 신양식 교수는 교회를 출석하지 않고 있었기 때문에 기도의 능력에 대하여 반신반의하고 있었는데 이러한 결과에 놀란 듯했다.

세브란스병원에서는 하루에 많게는 170여 건의 수술이 행하여진다. 한때는 수술실에서 의사들의 환자를 위한 기도가 전체 수술의 60%까지 진행되었다. 환자를 위한 기도에 동참하지 않는 일부 교수들도 있었는데 어느 날 수술 전 의사의 기도 권유가 없자 오히려 환자가 집도의에게 기도를 부탁하여 의사가 많이 당황하였다는 얘기가 들렸다. 기도 준비가 없는 상태에서 갑자기 기도 요청을 받으니 당황할 만도 하였다. 원목실에 부탁하여 기독교인이 아닌 의사들을 위하여 표준 기도문을 준비하도록 했다.

수술하기 전 주치의사의 기도문은 이렇게 준비되었다.

"하나님, 이제 수술을 시작하려고 합니다. 처음부터 끝까지 저희들과 함께해 주시고, 수술 잘 마칠 수 있도록 도와주시기 바랍니다. 예수 그리스도의 이름으로 기도합니다. 아멘."

마취하기 전 마취의사의 기도문은 조금 다르다.

"하나님, ○○○님을 위해 기도드립니다. 이제 편안한 마음을 갖게 해주시고, 수술 잘 받을 수 있도록 돌보아 주시기 바랍니다. 의료진의 손길 위에도 함께해 주시고, 최선을 다할 수 있도록 이끌어 주시기 바랍니다. 예수 그리스도의 이름으로 기도합니다. 아멘."

외국인 수술환자를 위하여 같은 내용으로 영어 기도문도 준비하였다.

최근 지인이신 목사님 한 분이 세브란스병원에서 골절로 주말에 응급수술을 받게 되었다. '기도하는 의사'에 대하여 잘 알고 계신 터라 수술실 입장하면서부터 먼저 기도를 부탁했다고 하면서 세브란스병원의 변화에 대하여 너무나 기뻐하는 것이 아닌가? 아직도 많이 부족하지만 이제는 "세브란스병원이 기독교 병원인가요?"라는 질문을 받지 않았으면 하는 바람이 있다.

기도하는 의사

수술한 환자들이 경험한 수많은 환자경험 프로그램 중에서 가장 큰 위로가 되었다고 회자되는 것이 '기도하는 의사' 프로젝트이다. 먼저 환자에게 의사 스스로를 소개하며 동의를 구하고, 의료진을 믿고 마음을 가라앉게 가지게 한 후, 환자 안전과 위생상 문제가 없는 한 수술진 전원이 환자의 몸에 손을 얹은 다음, 환자가 불안해하지 않고 편안한 마음으로 수술을 잘 받게 돌보아 주며, 의료진의 손길에도 최선을 다할 수 있도록 기도드린다는 것이 주된 내용이다. 비종교인에 대해서는 종교적인 표현이 부담스럽지 않도록 표현을 절제하는 등 철저하게 환자의 개인 입장에 맞춰 기도를 하게 되므로 환자 입장에서는 더없이 위로가 되었다는 것이 중론이다.

기도하는 의사 프로젝트를 본격적으로 시작한 것이 그리 오래되지 못해 통계적으로 유의미한 숫자에 이르지는 못했지만, 마취제 사용량이 줄었다거나 의료사고로 이어지는 경우가 줄어들고 의료진에 대한 신뢰가 크게 높아졌다는 반응이 지배적이다. 영어로 된 기도까지 생겨나고, 유사한 성격의 기관에서도 기도하는 의사 프로그램을 앞다퉈 도입, 발전시켜 나가는 것은 그만큼 환자들에겐 큰 위로가 되었고, 의료기관에도 눈에 띄는 성과가 있었음을 증명하는 것이다.

모든 모임이나 회의 전에는 반드시 간단한 기도로 행사를 시작하는 병원은 매사를 시작하기 전 몸과 마음을 가다듬고 시작하는 모양새이므로, 아무런 준비 없이 시작하는 행사보다는 분명 그 결과가 많이 다르다는 것을 체득하는 데는 많은 시간이 필요치 않았다.

제자를 섬기는 교수

2011년 의과대학 신입생 오리엔테이션을 진행하며 교수들이 신입생들의 발을 씻겨 주는 세족식 행사를 가졌다. 남녀 교수진 20여 명이 참석해 의예과 신입생 67명(남53명, 여14명)의 발을 하나하나 씻겨 주며 섬김을 실천한 것이다.

예수님은 사랑하는 제자들에게 섬김의 본을 보여 주셨다. 예수님처럼 교수들도 제자들의 발을 씻기면서 이렇게 기도를 함께 하였다.

"우리 대학에, 세브란스에 이렇게 보배로운 사람들을 보내 주셔서 감사합니다. 제자들을 향한 기대와 사랑이 늘 샘솟게 하시고, 제자들을 이끌고 가르치기에 부족함이 없는 능력을 갖춘

환자들을 섬기는 의사가 되길 바라는 마음으로 교수들이 신입생의 발을 닦아 주었다.

스승이 되게 하옵소서. 그리고 제자들의 성장을 자랑과 기쁨으로 여기는 스승들이 되게 하옵소서."

그리고 제자들을 위하여서는 목사이며 심장내과 전문의인 안신기 의료선교센터장과 교수들이 합심하여 이렇게 기도하였다.

"아파하는 사람들을 보고 눈물 흘릴 줄 아는 사람이 되게 하시고, 함께 기뻐할 수 있는 사람들 되게 하옵소서. 바쁜 일상 가운데도 다양한 삶의 부분들을 경험하고 누릴 줄 아는 사람들이 되게 하옵소서. 공부하는 가운데 지혜를 주시어서, 서로 경쟁하며 이기려는 세상에서 서로 협력하면서도 탁월함을 함께 드러

낼 수 있는 사람들 되게 하옵소서. 환자들을 돌보고 학문을 추구함에 있어서도 부족함이 없는 능력을 허락하옵소서. 주님! 이들이 마음이 따뜻한 사람들이 되게 하옵소서."

신입생들이 약속을 지키는 신뢰받는 사람, 의학지식만 가진 의료기술자가 아니라 품격과 교양을 갖춘 성숙한 사람, 넓은 시야와 안목으로 세상을 바라보는 사람, 고통받는 이를 마음속에 품는 사람이 되었으면 좋겠다. 앞으로 아픈 이들을 돌볼 때 교수들이 제자를 섬기는 것같이 환자들을 섬겨 달라는 요청이 예비 의사들에게 가장 큰 바람이었다.

일반 대학의 신입생 오리엔테이션은 주로 지도교수 없이 학생회 주관으로 자체적으로 열린다. 젊은이들이 모여서 오리엔테이션을 진행하다가 젊은 혈기에 음주로 인해서 가끔 불미스러운 일들도 언론에 보도된다. 오리엔테이션에 참여한 교수들, 그리고 교수들이 참여한 세족식을 받아들인 학생들에게 고마울 따름이다.

기부가 give로

미국 PCUSA로부터 연세의료원으로 매년 기부금이 들어오고 있었다. 알고 보니 PCUSA는 미국 북장로교 'Presbyterian Church USA'의 약자였으나, 기부금의 조성이나 출처는 알지 못했다. 미국 북장로교단에 확인한 결과 루이스 세브란스의 아들이 세운 'The Severance John L. Fund'를 운영한 수익금을 매해 세브란스병원으로 보내 주었던 것이다. 1995년부터 매해 50년간 도합 80만 달러의 거금을 기금운영 결과에 따라 보내 주고 있었다. 대를 이은 세브란스 부자의 세브란스병원을 향한 사랑에 숙연해질 수밖에 없었다.

1931년 루이스 세브란스의 외아들 존 롱 세브란스John Long

Severance는 미국의 5대 교향악단의 하나인 클리블랜드 심포니 오케스트라 전용 연주장인 '세브란스홀Severance Hall'을 지어 헌납한다. 클리블랜드 시가 자랑하는 세브란스홀은 고풍스러운 그리스사원의 모습으로, 내부는 연꽃의 화려한 대리석으로 지어졌다. 해리슨 포드 주연 〈에어포스 원〉에서 카자흐스탄 대통령궁을 묘사한 촬영장소로도 이용할 정도로 아름다운 연주홀이다.

세브란스홀은 2000년에 음향 문제를 개선하고자 3670만 달러를 들여 부속건물 신축을 포함한 대대적 개보수를 거쳐 미국의 최신 연주홀로 재탄생하였다. 직접 세브란스홀의 아름다움과 웅장함을 보니 세브란스 일가의 예술에 대한 사랑에 고개가 숙여졌다.

2010년, 세브란스병원 개원 125주년 기념으로 예술의 전당 콘서트홀에서는 클리블랜드 심포니 오케스트라 초청공연이 있었다. 프린츠 벨저 뫼스트의 지휘로 브루크너 교향곡 7번이 연주되었다. 클리블랜드 심포니 오케스트라는 조지 셸, 로린 마젤 등 당대 최고의 지휘자들이 거쳐 간 미국이 자랑하는 5대 오케스트라 중의 하나이다.

연주회 당일 객석에는 그간 세브란스병원을 도운 기부자들, 즉 한국의 세브란스들이 초청되었다. 초대받은 모든 이들이

클리블랜드의 세브란스홀

세브란스홀 방문 당시 모습

세브란스홀 기념관

클리블랜드 심포니 오케스트라의 연주를 듣는 동안 세브란스의
조선에 대한 사랑과 그 아들의 대를 이은 인류 사랑을 공감하던
밤이었다.

　클리블랜드 심포니 오케스트라 단원들은 고맙게도 세브란스
병원 로비에서 환자를 위한 소형 연주회도 열어 주었고, 이동이
어려운 소아환자를 위하여 병실까지 찾아가 아름다운 연주를
들려주었다. 아버지 세브란스는 조선의 아픈 육신을 위하여 병
원을 지어 주고, 아들은 클리블랜드 심포니 오케스트라 공연을
통해 한국의 아픈 이들의 마음과 영혼을 위로해 준 것이다.

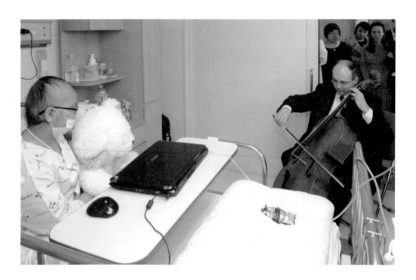

클리블랜드 오케스트라의 병실 공연

미국 LA 다운타운에는 선한 사마리아인 병원Good Samaritan Hospital이 있다. 이 병원의 역사는 세브란스병원의 전신인 제중원과 동일한 시기인 1885년으로 거슬러 올라간다. USC 의과대학 부속병원인 선한 사마리아인 병원은 루이스 세브란스의 친척인 마크 세브란스 부인Mrs. Mark Severance의 기부로 시작된 400병상의 병원이다.

2013년 8월 14일, 선한 사마리아인 병원에서 8·15 광복을 기념하기 위한 '우정과 평화의 종Korean Friendship and Peace Bell' 제막식이 있었다. 이 종의 제작을 주관한 선한 사마리아인 병원의 리카Leeka 병원장은 본인이 직접 한국에 찾아와 보신각종을 복원한 한국의 국가무형문화재 주철장 원광식 씨에게 '우정과 평화의 종' 제작을 의뢰하였다. 제작에 필요한 흙은 평화적 통일을 위하여 미국 교포 의사 이하성 박사가 가져온 북한의 흙과, 미국과 대한민국의 우정을 위하여 남한의 흙, 그리고 미국의 흙을 혼합하여 진정한 '우정과 평화의 종'을 만들어 냈다. 세브란스병원을 방문한 리카 병원장으로부터 종의 제작 과정을 듣고 깜짝 놀랐다.

'우정과 평화의 종' 제막식에는 연세대학교 정갑영 총장도 참석하여 축사를 하였다. 그리고 미국 최초의 아시아계 여자 해군 장교였던 99세의 도산 안창호 선생의 딸 안수산 여사도 초청되었다.

도산 안창호 선생과 선한 사마리아인 병원은 오랜 인연이 있다. 도산 안창호 선생이 병원 직원으로 있었고, 병원은 이 사실을 기념하기 위하여 도산 안창호 기념 병동도 두고 있다. 이런 인연 때문일까? 재미교포들도 이 병원을 좋아해서 선한 사마리아인 병원에는 한국 의사 10여 분이 진료에 참여하고 있고, 병원 당국도 한인 사회에 대한 배려로 한국인 요리사를 고용해 교포 산모들에게는 미역국을 끓여 주고 있었다.

선한 사마리아인 병원과 세브란스병원은 같은 해에 시작했고, 세브란스 일가의 도움으로 새 병원 건물을 지었으며, 국내

외 한국인에게 많은 의료혜택을 베푼 공통점이 있다. 더군다나 재미있는 사실 하나는 한국에 대한 역사적 이해가 남다르고 한국에 직접 내한하여 '우정과 평화의 종' 제작을 의뢰한 리카 병원장의 이름도 한국의 가장 흔한 성인 '이가(李家)'와 발음이 유사하다는 점이다. '우정과 평화의 종' 기념 만찬장에서 리카 병원장에게 이런 설명을 하니 더욱 기뻐하였다.

세브란스 일가는 조선과 중국은 물론 미국 클리블랜드 곳곳에, 그리고 LA에까지 기부를 이어 가고 그러한 기부를 통해 많은 인류에게 선한 뜻을 펼치고 있다.

선한 사마리아인 병원 '우정과 평화의 종' 옆에서, 리카 원장과 함께

"나누는 나의 기쁨이 더 크다"
–세브란스 정신

미국 클리블랜드에서 시작하여 세계적인 기업 스탠더드 석유회사를 세운 록펠러John Davison Rockefeller, 1839~1937는 젊은 시절 미국의 석유산업을 독점하여 많은 비난을 받았던 억만장자 기업인으로 유명하였다. 그런데 50세에 이르러 언론이 그의 사망소식을 준비할 정도의 불치병으로 병원에 입원한 그를 회심시킨 성경 구절이 있었다. 병원 로비에 걸려 있던 '주는 것이 받는 것보다 복이 있다'는 사도행전 20장 35절 말씀이었다.

입원실 로비에서 그는 입원비가 없어 입원을 못 하고 있는 환자 어머니와 병원 원무과 직원의 대화를 듣게 된다. 록펠러는 비서를 시켜 환자 보호자 몰래 입원비를 지불해 주었다. 이렇게 회심한 록펠러는 세계에서 보기 드문 자선사업가로 변신하여 록펠러 재단을 설립하고 기아 근절이나 시카고대학을 비롯한 대학의 발전, 세계 구호사업, 록펠러의학연구소 등을 위한 기부를 시작하였다.

록펠러가 인생을 회상하면서 드린 감사기도는 "하나님, 인생 전반기 55년은 쫓기며 살았지만, 후반기 45년은 행복하게 살았습니다."였다.

록펠러재단은 세브란스 의과대학과도 인연이 있다. 록펠러재단은 중국의 협화의과대학Peiking Union Medical University을 인수하여 운영하고 있다가 1928년 중국의료재단CMB, China Medical Board을 설립하여 중국의 의학교육, 공중보건을 지원하기 시작했다. 그런데 1949년에 중국공산당이 집권하고 협화의과대학이 국유화되자 CMB는 중국을 떠나 1953년에 세브란스 의과대학을 돕기로 결정, 현재 의과대학 건물을 신축하기 위하여 75만 달러를 지원하는 등 연구분야와 교직원 유학기금을 지원해 주었다.

클리블랜드 출신이며 스탠더드 석유회사의 동업자였던 루이스 헨리 세브란스Louis Henry Severance, 1838~1913는 1900년 뉴욕 카네기홀에서 조선의 의료선교사이며 제중원 원장이었던 에비슨 선교사의 조선 의료선교에 대한 연설을 감명 깊게 듣게 된다. 연설은 '의료사업 협동론'과 관련하여 도움을 청하는 내용으로, 많은 개신교 교단에서 파송된 서양의 의료선교사들이 조선인들을 진료하고 있는데, 그들이 한곳에 모여서 연합하여 일할 수 있는 대규모의 병원이 필요하다는 것이었다.

그 자리에 참석했던 세브란스는 에비슨 선교사를 불러, "나는 약 1년 동안 어느 곳엔가 병원을 지어야겠다는 마음을 늘 가져 왔는데 집회에서 당신의 보고를 듣기 전까지는 어느 곳에 병원을 세워야겠다는 결론을 내리지 못하고 있었습니다. 그러다 당신의 연설을 듣고 조선의 한성이 적당한 장소라는 생각이 들어 결정을 내리게 된 것입니다. 나는 결국 당신과 내가 하나님의 인도를 받았음이 명백해진 것으로 믿습니다."라며 1만 달러를 내어 놓는다. 이때 거액의 기부에 놀라고 크게 감격한 에비슨이 감사의 뜻을 전하자 세브란스는 "받는 당신의 기쁨보다 주는 나의 기쁨이 큽니다."라고 답했다.

세브란스는 클리블랜드 올드스톤교회Old Stone Church 장로로서 주일학교 교사도 겸임한 독실한 크리스천이었다. 동업자인 록펠러를 회심시킨 말씀인 "주는 것이 받는 것보다 복이 있다."를 좋아하고 평소 늘 암송하고 있었던 것 같다.

이 말씀은 예수님의 제자 사도바울의 연설 중에서 인용한 것이다. 신약성경의 대부분을 저술한 사도바울은 아시아 전도여행 후, 세계를 향한 그리스도 예수님의 전도를 시작하기 위해 유럽의 관문 마케도니아까지 3차에 걸친 전도여행을 모두 마치고 제자들을 모아 놓고 비장한 마지막 연설을 한다. 그가 비장했던 이유는 고난과 감옥이 기다리는 예루살렘으로 귀환하는 그의 고별설교였기 때문이다. 바울 자신은 도움을 받을 위치에 있었음에도 불구하고 자신의 선교 경비를 스스로 일을 하여 자 비량으로 벌어서 충당하였다고 말하며 "주 예수께서 친히 말씀 하신 바 주는 것이 받는 것보다 복이 있다."라고 예수의 말씀을

루이스 H. 세브란스

김건배 작가의 '신축병원을 둘러보는 세브란스(1907)'

인용하면서 연설을 끝맺고 제자들과 눈물의 이별을 했다.

신약성경 사도행전 20장 35절의 말씀 한 구절이 세계적인 기부자를 탄생시키고, 조선에 당시 아시아 최대의 서양 의료기관 세브란스 기념병원을 개원시킨 것이다.

청일전쟁으로 물가가 뛰어올라 병원 건축이 재정적으로 어려워지고, 조선 정부가 약속한 병원 대지 구입자금 지불이 지연되자 세브란스는 병원 대지 구입비로 5천 달러를 추가로 기부한다. 그리하여 1904년 과거 제중원이란 이름으로 운영되던 자그마한 의원이 지금으로 환산하면 1천억이 넘는 건축비가 투여된 당시 동양 최대의 서양식 의료기관인 세브란스 기념병원으로 새롭게 탄생한다. 그후 세브란스는 병원 증축과 의학교, 외래진료소 신축 자금 등을 추가로 기부하여 세브란스 기념병원을 위하여 총 4만여 달러를 기부했다. 그의 장남 존 롱 세브란스도 평생 세브란스병원과 세브란스의학전문학교를 후원했으며, 그의 큰딸 엘리자베스도 한결같은 후원자가 되어 주었다.

세브란스병원을 위해 거액을 헌금한 세브란스는 주치의 러들로Alfred Irving Ludlow, 1875~1961와 함께 1907년 일본, 중국을 거쳐 만주 국경을 넘어 조선을 방문한다. 그는 자신의 기념병원 세브란스병원의 상태를 점검하고 부족한 것을 채우기 위하여 먼 여정을 마다하지 않은 것이다. 그리고 기부의 또 다른 목적인, 조선에서 사역하는 8개 개신교 교파가 힘을 합친 '연합 병원Union Hospital'인 세브란스병원에서 '의료사업 협동론'이 실현되는 것을 확인하고 격려하고자 하였다. 그 당시 북미대륙에는 연합되지 못한 개신교의 많은 교단이 있었지만 조선에서만큼은 교단들의 연합사역을 원했던 것이다.

연합사역에 뜻이 있었던 세브란스는 록펠러가 후원한 북경 협화의과대학도 방문한다. 평양에서는 장대현교회를 방문했는데, 이런 인연으로 인하여 세브란스가 장로로 시무하던 올드스

1907년 내한한 세브란스(가운데)와 그의 주치의 러들로(왼쪽) 그리고 제중원 원장 에비슨(오른쪽)

"1907년 내한한 세브란스(가운데)와 그의 주치의 러들로(왼쪽) 그리고 제중원장 에비슨(오른쪽)"
Mr. Severance (center) who visited Korea in 1907. Dr. Ludlow, his family physician left), and Dr. Avison, Director of Chejungwon (right)

톤교회에서는 1908년 장대현교회에 마우리 선교사를 파송한다. 올드스톤교회를 방문하면 1920년 평양 장대현교회에서 올드스톤교회 창립 100주년을 기념하기 위해 보낸 아래아 옛 한글로 쓰인 기념 축하휘장을 볼 수 있다.

세브란스는 한성에 머무는 동안 학생교육에도 관심이 있어 선교사가 교장으로 있는 정신여학교 본관건물을 르네상스식 3층 건물로 짓도록 기부하고 세브란스관이라 명명하였다. 세브란스관은 정신여고가 이전한 후 개인회사의 건물로 사용되고 있지만 세브란스가 한국에 기증한 건물 중 유일하게 남아 있는 것으로 보호되어야 마땅하다고 생각한다.

조선 여행에 세브란스와 동행한 세브란스의 주치의 러들로는 미국 케이스 웨스턴 리저브 의대를 우등으로 졸업한 당대 미국 최고의 외과 전문의였다. 1907년 세브란스와 조선을 여행한 그는 조선의 의료선교에 헌신하고자 1912년 미국 북장로회 선교의사로 조선을 다시 찾는다. 그리고 조선의 첫 외과 전문의로 세브란스병원 외과의 책임자가 되어 26년간 조선의 외과를 비약적으로 발전시킨다.

러들로 교수는 1년에 1만7천 명의 환자를 진료하고 약 500명을 수술할 정도로 탁월한 실력을 갖고 있었다. 또한 1914년 세브란스에 첫 인턴제가 도입된 후에는 한국 외과계를 이끈 고명우, 이용설, 고병간 선생 등의 거목들을 양성했다.

1885년, 의료선교사 알렌은 한의와 판이하게 다른 외과술을 이용해 민영익 대감의 목숨을 구했다. 알렌의 주도 아래 세워진 제중원의 시발점이 된 외과는 세브란스 외과로 이어졌다. 그 후 외과의 맥은 외과학 교수를 역임한 세브란스의학교 1회 졸업생

알프레드 어빙 러들로

1938년, 세브란스의학교 학생들이 러들로 교수 흉판을 헌정했다.

독립운동가인 김필순과 박서양으로 계승된다.

일본은 기독교와 더불어 서양문물을 조선보다 20년 일찍 도입하여 조선 강점의 기틀을 만들었지만 의학은 예외였다. 일본은 독일 의학을 도입하였으나 조선은 에비슨 세브란스병원장으로부터 캐나다 최고의 토론토 의과대학의 의학을, 러들로로부터 미국 웨스턴 리저브 의과대학의 의학을 전수받아 일본보다 앞선 근대 진료가 시행될 수 있었다.

조선인 제자를 지극히 사랑한 나머지 '러들로 장학컵'을 제정해 어려운 제자를 양성하는 데도 힘을 쏟았다. 세브란스병원 수술실 입구에는 1938년 세브란스의학교 학생들이 러들로 교수에게 러들로 교수 흉판을 헌정하는 기념사진이 있다. 사진에는 '동양 최고의 외과의사 알프레드 어빙 러들로, 미국 북장로회 의료선교사, 세브란스의학전문학교 외과 교수, 외과 부장, 연구부 부장 역임'이라고 적혀 있다.

러들로 교수 청동흉판은 우리나라 최초로 조각을 공부한 김복진에게 의뢰하여 제작한 것이다. 우리나라 현존하는 서양식 조각 중 가장 오래된 것으로, 2012년 6월 대한민국 등록문화재 제495호로 등록되었다. 러들로는 조선의 외과학을 시작하고 발전시켰을 뿐 아니라 우리나라의 조각 역사를 새로 쓰는 데도 이바지한 셈이다.

2009년 연세의료원 신촌캠퍼스에는 러들로 박사의 조선에 대한 사랑을 기리기 위하여 러들로 박사의 이름을 딴 '러들로 연구동'을 준공시켰다. 러들로 연구동은 외과 교수들과 안과, 심장내과 교수 외에 세브란스병원의 많은 전임의들의 교수연구실로 사용하면서 러들로 교수의 업적와 헌신을 기리고 있다.

최근 클리블랜드의 세브란스 일가 묘소를 방문하여 놀라운 사실을 발견하였다. 러들로 교수의 묘소도 세브란스 묘소와 나란히 위치하고 있었다. 루이스 세브란스의 주치의로서 그리고 조선의 의료선교사로서 조선을 사랑한 그가 세브란스와 나란히 잠들어 있었던 것이다.

06

플러스 경영

모두가 병원장,
Mini-MBA

연세의료원 기획조정실에서는 일찍이 임상 각 과의 원가분석을 실시하였다. 과거 외형적 수입만 가지고 수입 통계를 작성할 때는 면역억제제 같은 고가의 약을 많이 처방 내는 과의 진료수입이 늘 상위였다. 아무리 고가 약을 처방하여도 약품에서는 이익을 낼 수 없는 것이 우리나라 의료보험의 보험약가 정책이다. 그러므로 원가분석을 하니 과거 진료수입 상위 과가 원가분석에서는 하위수익 과로 전락하였다.

당연히 큰 반발이 일어나서 임상 각 과의 원가분석 자료를 발표도 못 하고 병원경영에 이용하지도 못하고 있었다. 그러나 교수들이 원가의 실상을 정확하게 아는 것이 병원경영에 중요하다고 생각하여 전체 교수를 대상으로 하던 원가분석 발표 방식을 변경하여 과별 원가분석 발표를 하기로 하였다. 예상대로 원가분석이 잘못되었다는 많은 항의가 있었지만, 예정대로 임상 각 과별 원가분석 결과 발표를 강행하였다.

세브란스병원의 교수는 진료수입이나 원가분석에 관계없이 동일 직급에 거의 동일 임금을 받는다. 그런데도 원가분석에 예민한 것은 순전히 체면과 교수 채용에 대한 불이익 때문이다. 아무래도 적자 과보다는 흑자 과에서 신청한 진료과의 의사 채용이 우선되기 때문이다.

원가분석 설명회를 마치니 작은 변화들이 나타나기 시작했다. 세브란스병원에는 전문병원, 즉 암병원, 안과이비인후과병원, 어린이병원, 재활병원, 심장혈관병원 등이 산하에 있다. 본관에 두어 공동으로 이용해야 할 진료지원시설, 예를 들면 심전도실, X-ray 촬영실 등 지원시설을 각각의 전문병원들이 독자적으로 가지고 있었다. 즉 시설의 중복투자가 일어나고 병원 운영경비가 증가되었지만, 각 병원은 여전히 독자적 시설을 가지고 싶어 했다.

그러나 전문병원들이 이런 지원시설을 각각 독자적으로 운영하는 것이 원가분석상 전문병원 경영에 도움이 되지 않는 것을 교수들이 이해하기 시작했다. 그렇게 반대하던 세브란스병원 본관으로의 진료지원시설 통합이 받아들여졌다. 원가에 대한 개념을 이해한 교수들 스스로 내린 결정이었다.

세브란스병원은 주인이 없고 기업의 투자가 없는 병원이다. 세브란스병원의 조직문화는 병원장이라도 교수들에게 진료수입에 대한 간섭을 하지 않고, 교수들도 설사 간섭이 있다 하여도 받아들이지도 않는다. 다시 말하면 교수 개개인이 자신들의 외래진료실의 주인이며 원장처럼 모두가 병원을 아끼고 환자를 사랑하는 오래된 병원 문화를 가지고 있다. 그런데 병원의 원가에 대한 정보제공으로 교수들의 병원경영에 대한 이해가 높아지니 스스로 병원경영에 협조가 이루어진 것이다.

이런 교수들에게 경영에 대한 일반적 교육을 하면 어떨까 하는 생각이 들었다. 당시 연세대학교 경영대학장인 박상용 교수를 만나 이런 말씀을 나눈 후 의료원의 의대, 치대, 간호대, 보건대학원 교수들을 대상으로 경영대학 교수들의 경영 강의를 부탁하였다. 박상용 교수는 즉석에서 쾌히 승낙하여 'Mini-MBA'라는 경영교육 과정이 시작되었다. 박상용 학장은 경영대학 교수 중에서 의료원 사정에 맞는 최고의 강사진을 짜 주었다.

Mini-MBA 1기 과정은 정원 40명으로 예정하고 의료원에 모집홍보를 하였다. 지원자가 한 명도 없으면 이 계획은 실패로 돌아가고 박상용 학장을 볼 면목도 없어진다. 그런데 마감을 하니 놀랍게도 의료원 교수 52명이 신청을 하였다. 박상용 학장과 의논하여 지원자 전원을 수용하기로 하고 첫 강의를 시작했다. 경영대학 강사진 교수들에게는 의료원의 상세한 경영지표를 미리 배부하여 학문적 강의가 아닌 현실에 적용할 수 있는 강의를 부탁하였다. 경영대학 교수들도 의료원 교수가 학생으로 참여하니 모두 긴장하여 충실한 강의를 준비하여 주었다.

Mini-MBA는 10주 한 학기 강의로 구성하고, 일과 후 3시간 강의로 진행되며, 출석률이 95% 이상이 되어야 이수를 하도록 하였다. 교수들의 경영마인드를 함양하고, 의료 비즈니스에 대한 이해를 통해 의료산업화의 토대를 마련하기 위해 진행된 이 과정은 1)의료환경 변화와 혁신적 경쟁전략, 2)성공적인 전략 수행을 위한 리더십과 조직관리, 3)의료서비스 프로세스 혁신, 4)사례연구 및 개인별 프로젝트의 4개 모듈로 진행되었다. 9명의 연세대 경영대학 교수가 강사로 나섰고 팀 단위 사례연구와 개인별 프로젝트도 진행했다.

수료식에서는 11명의 의료원 교수가 팀 대표로 발표를 했다. Mini-MBA 과정에 참가한 교수들은 의료서비스와 경영을 접목해 프로세스 개선, 관리 시스템 구축, 다양한 전략 수립 등 의료원 발전을 위한 방안을 제시했으며, 특히 업무효율성, 마케팅 전략, 지적재산권 등의 경영학 분야에 많은 관심을 보였다.

강의가 진행됨에 따라 의료원 교수들이 이 과정을 너무도 사랑하고 좋아하게 되어 학회에 참석하기 위해 지방에 갔다가 학회 중간에 이 강좌를 듣기 위하여 상경하는 교수도 있었다. 퇴임을 6개월 앞둔 한 교수도 수료식에서 진작 이런 강의를 들었다면 좋았을 터인데 퇴임을 앞두고 듣게 되어 아쉽다고 말했다. 1기 과정을 마치니 강의 참석률이 90%를 상회하였다.

Mini-MBA는 8기까지 계속되어 의료원 교수의 약 3분의 2인 300여 명의 교수가 이 과정을 마쳤다. Mini-MBA를 마친 의료원 교수와 경영대학 교수들은 과정 후에도 그룹별로 개인적인 모임을 하기도 했다.

Mini-MBA 1기 수료식

경영대학 교수들과 의료원 교수들이 Mini-MBA를 마친 후에도 소그룹 모임이 계속되는 것을 보고 연속되는 경영 모임을 추진하고 싶어졌다. 경영대학 교수를 조장으로, 의료원 교수들을 팀원으로 하여 세계 지역별 병원을 연구하는 모임을 구상하였다. 일본의 병원, 싱가포르와 태국의 동남아시아 병원, 유럽의 병원, 미국의 병원, 이렇게 네 그룹으로 나누어 해외 병원경영을 전문으로 하는 조직을 만들자. 각 지역 병원 현장을 방문하고 병원 CEO들과 회의를 가진 결과를 의료원 산하 병원들에 접목하기 위해서였다.

해외 병원을 4개 지역으로 나눈 이유는 병원들의 경영형태와 문화와 의료보험제도가 지역마다 다르기도 하지만, 의료원 교수들의 해외연수 병원이 세계 각국으로 흩어져 있어 본인이 연수한 나라의 병원을 공부하면 좀 더 효율적인 아이디어가 나올 것 같았기 때문이다. 그러나 이런 구상은 구상으로만 끝나고 연세암병원 건축 등으로 재원이 부족하여 아쉽지만 실천에 옮기지는 못하였다.

교수들만이 아닌 간호사와 행정직원 모두가 병원의 주인이다. 주인들에게 경영마인드를 심어주어야 한다. 행정직과 간호직 모두에게 이런 Mini-MBA 같은 경영교육 과정을 제공하고 싶었다. 경영대학은 이미 교수들에게 Mini-MBA를 하고 있었기에 행정직과 간호직의 팀장과 파트장을 대상으로는 Core-MBA 과정을 신설하고, 경영교육 전문기관인 이남식 총장의 서울과학종합대학원aSSIST에 교육을 위탁하였다.

특히 간호사를 Core-MBA 과정에 참여시킨 이유는 병원의 내부 살림을 맡은 간호사들이 경영마인드로 무장하면 진료현장에서 많은 변화를 가져올 수 있다고 생각하였기 때문이다. 실제 해외 병원에서는 간호사들이 행정직 고위보직을 많이 수행하고 있다. Core-MBA가 간호사들에게 행정직 보직을 도전할 수 있는 동기유발이 될 수 있으면 좋겠다는 바람도 있었다.

서울과학종합대학원 위탁교육은 4기까지 200여 명이 수료를 마감하고, 5기부터는 의료원 보건대학원 의료경영 관련 교수진 중심으로 자체 운영하였다.

연세의료원에서 교수들에게 Mini-MBA를 시작하니 몇몇 대학병원들이 이와 비슷한 프로그램을 따라 하였다. 과거 외부의 전문직이나 CEO를 위한 보건 관련 고위자과정은 많이 있었지만 세브란스처럼 내부 교수와 행정직 그리고 간호사들을 위한 경영교육인 Mini-MBA, Core-MBA 같은 과정은 없었다. 세브란스는 교직원 모두가 주인이라는 조직문화가 있는 곳이라 능동적 병원경영에 참여를 요구하는 이런 경영교육이 탄생할 수 있었던 것이다.

교수진과 행정직에 대한 경영교육 과정으로 교직원들이 경영마인드를 가지고 병원경영에 관심을 갖고 동참한다면, 이것은 다른 병원이 가지지 못하는 세브란스의 커다란 잠재력이자 장점이라고 생각한다. 특히 어느 누구의 도움도 없이 스스로 병원도 짓고 의료장비도 구입하면서 살아가는 세브란스병원의 교수들이 경영마인드를 가지고 주인처럼 진료에 참여할 때 세상의 어느 병원도 따라올 수 없는 경쟁력을 가지리라고 확신한다.

Core-MBA 1기 입학식

심장웰니스센터와
신체리모델링센터

한 가지 질환을 치료하는 데 관련 과가 여럿인 경우가 있다. 예를 들면 구강암인 경우 치과의 구강악안면외과에서도, 이비인후과에서도 치료를 한다. 허리 디스크 수술인 경우 신경외과에서도 수술하고 정형외과에서도 수술을 한다. 세브란스병원에서 스포츠의학이라고 불리는 근육과 인대 질환에 관한 치료는 재활의학과, 신경외과, 정형외과에서도 참여를 한다. 이럴 경우 진료에 관여하는 임상과들은 핵심 전공분야는 아니지만 주 진료분야에 추가하여 진료영역을 넓히고 싶은 욕망이 생긴다.

강진경 의료원장은 이 분야를 과거 농구선수였으며 심장질환 치료가 전공인 설준희 교수에게 맡겨서 발전시키도록 임상과 사이의 역할에 대한 교통정리를 하였다. 근육, 인대 진료는 미국에서도 새로운 진료분야라서 설 교수는 수년에 걸쳐 미국의 관련 학회 참석과 의료기관 연수를 통하여 받은 바 사명을 이행하려 노력하였다. 그리고 세브란스병원에 스포츠의학과를 시작하려고 하는데, 관련 과의 반대가 심하여 세브란스병원 스포츠의학과장 보직을 가졌음에도 불구하고 공부해 온 새로운 분야인 근육과 인대 치료를 시작할 수 없었다.

우선 설 교수 소속 전문병원인 심장혈관병원에서 심장재활 분야를 새로이 시작하도록 인력과 장비지원을 하였다. 이렇게 하여 시작된 것이 '심장웰니스센터'이다. 심근경색 환자들은 관상동맥에 스텐트를 넣는데 퇴원 후 심근경색 재발을 막으려면 심장재활이 필수이며, 해외 심장전문병원에서는 기본적 처치에 들어가는 부분이다.

허리 통증은 국민병이다. 나이가 들어 갈수록 허리 통증 환자는 기하급수적으로 증가한다. 허리 통증 치료를 위하여 물리치료, 침, 부황 등 수많은 치료법들을 찾아다닌다. 허리 통증의 70~80%는 척추의 근육과 인대에서 발생한다. 디스크라고 불리는 척추 추간판탈출증은 신경이 눌려 통증이 나타나므로 탈출한 척추 추간판, 즉 디스크라고 부르는 조직을 수술로 제거하여야 한다. 신경외과나 정형외과는 수술이 전공분야이다. 그러나 수술이 필요한 척추 추간판탈출증 환자는 전체 허리 통증 환자의 10%에도 못 미친다.

허리 통증 등 근육과 인대 문제로 발생하는 아픔을 전문으로 치료하는 분야를 개설하고 싶었다. 마침 서울역 앞 연세재단 세브란스빌딩에 건강진단을 위한 '세브란스 체크업'이 확장개원을 준비하는 시기였다. '신체리모델링센터'라는 운동처방 전문조직을 신설하고 정년퇴임하는 설준희 교수에게 근육과 인대 치료를 시작하도록 하였다.

'신체리모델링센터'를 통해서 목 통증, 허리 통증으로 수술 예약까지 했던 많은 환자들이 수술 없이 수개월 근육치료를 통해 통증 없는 생활을 영위하게 되었다. 많은 환자를 소개하여 기적처럼 허리와 목 통증이 사라졌다고 감사인사도 많이 들었지만, 족저근막염을 앓던 필자도 다른 많은 치료가 효과가 없다가 '신체리모델링센터'에서 배운 근육운동을 집에서 3개월 한 후에 통증으로부터 완전히 해방되는 놀라운 경험을 하게 되었다.

미국의 스포츠 의학자들은 우리 몸은 좌우의 조화가 반드시 필요한 좌우균형 기계Bilateral Machine와 같다고 말한다. 모든 근육이 연결되어 연쇄적으로 움직이기 때문에 어느 한 부분에 이상

이 생겨도 전반적으로 연결 근육들을 교정하여야 한다는 이론
이 나타나기 시작했다.

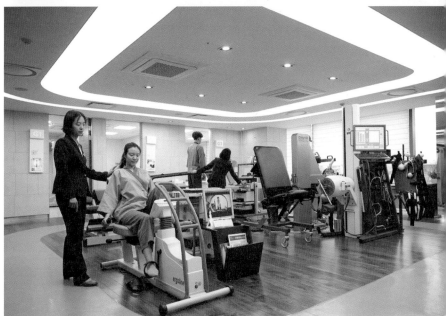

신체리모델링센터

'신체 디자인'이라는 용어가 운동치료 분야에서 처음으로 등장했다. 신체 디자인을 간단히 정의하면, 모든 관절이 우리 몸의 중심선을 중심으로 균형 있게 정렬되고, 좌우 근육의 배열·강도·기능과 신체 상하가 조화를 이루어 우리 몸의 여러 기관들이 기능을 유지하는 상태를 말한다. 미국에서의 조사에 의하면 거의 90% 이상이 신체 디자인에 이상이 있다는 것이다.

모든 일은 기본부터 다시 시작해야 한다. 운동의 기본은 신체 디자인 운동이다. 디자인 운동을 먼저 시행하고 유산소·무산소 운동을 하고, 더 나아가 스포츠 운동을 해야 부상 없이 연령의 한계를 극복하고 여생을 건강한 육체와 정신을 가지고 살아갈 수가 있는 것이다. 이러한 개념을 실천하는 곳이 '신체리모델링센터'이다. 신체는 자극을 주면 즉시 반응한다. 중력선을 중심으로 좌우균형을 위한 운동, 즉 신체 리모델링으로 나쁜 생활습관, 나쁜 자세로 일그러진 우리 몸을 태어날 때의 균형 잡힌 디자인으로 다시 찾을 수 있게 해야 한다.

이처럼 임상 각 과 간에 진료를 담당하고 싶은 바람이 상충하거나 영역다툼이 있는 진료분야를 새로운 조직을 신설하여 해결하였다. 임상과 간의 다툼도 없어졌지만 아픈 이들에게 정확한 진단과 진료를 제공함으로써 아픔이 없는 삶을 살도록 하여 국민 건강에 이바지한 것 또한 기쁜 일이다.

세브란스 체크업

우리나라 국민들에게 제일 흔한 암이 위암이다. 그런데 한국 위암 환자의 5년 생존율은 거의 90%를 육박한다. 세계 어느 나라도 위암 환자 생존율이 이렇게 높은 나라는 없다. 그 이유는 건강검진에 있다. 건강검진에 위내시경이 포함되어 위암이 대부분 조기에 발견된다. 조기 위암을 치료하기 위하여 개복수술도 하지만 요사이는 내시경을 이용하여 위장 절개 없이 위암 부위를 제거한다. 위암 내시경 시술은 우리나라 의사가 세계 최고 수준이다.

건강보험공단에서는 어느 나라도 실시하지 않는 전 국민을 대상으로 하는 건강검진을 실시한다. 보험공단에서는 예방검진에 사용되는 비용과 병이 진행된 다음 치료비로 지출되는 비용을 따졌을 때 예방에 비용을 투입하는 것이 발병 후 치료로 나가는 비용보다 훨씬 적다는 것을 알기 때문이다.

우리나라 건강검진은 이미 30년 전 건강검진 전문기관인 하나로의료재단에서 제일 먼저 실시하였고, 지금은 많은 동네 병의원에서도 간단한 건강검진은 쉽게 받을 수 있다. 아직도 미국에는 이런 제도가 없어 우리나라에서 반나절이면 끝나는 건강검진을 만일 미국에서 받으려면 기간이 한두 달 걸리고 비용도 우리나라보다 10배 이상을 지불하여야 한다.

이런 까닭에 미국이나 해외에 사는 많은 교포들이 건강검진을 받으러 귀국한다. 건강검진 중 암이라도 발견되면 고마움으로 감격들을 한다. 이런 실정인데도 정작 우리 국민들은 우리나라 건강검진 제도에 대한 고마움을 느끼지 못한다.

세브란스병원도 100여 년 전 세브란스병원이 처음 세워졌던 자리에 위치한 서울역 앞 연세재단 세브란스빌딩 지하에 건강검진센터를 운영하고 있었다. 그러나 기업이 운영하는 병원들과 심지어 서울대학병원도 대규모 건강검진센터를 운영하는 실정인데도 불구하고 세브란스병원의 건강검진센터는 너무 소규모라서 초라하기 짝이 없었다. 세브란스병원도 대규모 건강검진센터가 절대적으로 필요했다.

암병원 설계도면을 검토하니 건강검진센터가 암병원 외래에 위치하고 있었다. 서울역 앞 세브란스빌딩 지하에 있던 건강검진센터를 암병원 건물로 이전하는 계획의 일환이었다. 건강검진센터로 할애된 면적도 협소하지만 암환자와 건강검진을 받는 건강인이 같은 건물에 있다는 자체가 어색하고 생경할 것 같았다. 여유가 있는 VIP들을 좀 더 넓은 공간의 쾌적한 환경에서, 그리고 아픈 이들과 마주치지 않는 밝은 공간에서 일대일 맞춤 건강검진을 제공해 드리고 싶었다.

세브란스 체크업 내부

결국 암병원에 위치하기로 한 건강검진센터의 설계를 변경하여 서울역 앞 세브란스빌딩 지하층에서 지상 4층과 5층의 2개 층으로 이전·확장하기로 하였다. 실면적 1천 평으로 대폭 확장하고, 지하의 좁은 공간에 위치하던 센터를 지상으로 이전하면서 명칭도 '세브란스 체크업'으로 변경하였다. '세브란스 체크업' 네이밍과 로고는 손혜원 크로스포인트인터내셔널 대표의 재능기부로 이루어졌다.

국민 건강을 지키는 세브란스 체크업

암병원은 개원한 지 얼마 되지 않아 전국에서 내원하는 암환자들로 외래가 대단히 혼잡했다. 건강검진센터를 서울역 앞 연세재단 세브란스빌딩 4, 5층으로 이전하고 그 자리를 암병원 외래가 사용하도록 설계변경한 것은 암병원이나 진료받는 환자들에게 큰 다행이었다.

100여 년 전 서울역을 통해 들어오는 전국의 아픈 이들을 돌보던 역사적인 세브란스병원 자리에 국민의 질병 예방을 위하여 첨병 역할을 하는 '세브란스 체크업'이 들어섰다. 1904년 세브란스병원이 시작된 역사적인 자리에 대한민국 국민의 예방 건강검진 사업을 위한 대규모 '세브란스 체크업'이 시작된 것이다.

세계 최고의 건강검진 시스템

연세대학교 뒷산을 안산이라고 부른다. 안산에 6.4킬로미터의 '안산자락길'이 생겼다. 보통 걸음으로 한 바퀴 도는 데 족히 2~3시간이 걸린다.

놀라운 것은 안산자락길은 유모차도 다닐 수 있게 오르내림이 없고 계단도 없다는 것이다. 능선과 능선 사이를 잇는 연결 다리 덕분이다. 한 바퀴 돌다 보면 종로구의 인왕산, 북한산 주위 경관과 서대문구 쪽의 서울 북부지역, 그리고 메타세쿼이아 숲속 길을 걸으면서 남산을 감상할 수 있다.

평일은 물론 주말에도 걷는 사람들이 무척 많다. 연세의료원 교직원들도 점심시간을 이용해서 '안산자락길'을 걷고 싶은 만큼 걷고 근무 부서로 복귀한다. 안산자락길은 올라가는 길이 많아서 동서남북 어디에서든지 진입이 가능하다. 지방자치제의 장점을 활짝 꽃피운 대표적인 사례이다.

안산자락길을 처음으로 완주한 후에 우연한 기회에 문석진 서대문구청장을 만나서 이런 이야기를 했다.

"구청장님이 만드신 안산자락길 때문에 건강보험공단 이사장이나 보건복지부 장관이 크게 훈장을 드려야 된다고 생각합니다. 왜냐하면 안산자락길을 걸은 많은 성인병 환자들이 건강인으로 회복될 것이기 때문입니다. 더 크게 평가받아야 할 점은 예비 당뇨병, 고혈압, 고도비만 환자들이 진짜 환자가 되는 것을 예방하여 보험공단 의료비 지출을 크게 절약하셨다는 것입니다. 우리나라 보험재정을 크게 보호하여 주셨습니다."

복지 예산은 일회성으로 나누어 주기보다는 이렇게 인프라 구축에 사용되어야 한다. 그래야 많은 사람이 혜택을 받고 국가 살림도 내실을 기할 수 있다. 질병 예방에 비용을 100원 지불하면 향후 600원의 질병 진료비 지출이 발생하지 않는다고 한다. 안산자락길은 그런 면에서 아주 모범적인 지방자치단체의 예산 지출 형태라 할 수 있다.

우리나라 건강보험공단에서 전 국민을 상대로 국가건강검진을 시행하는 목적은 질병 예방에 보험 예산을 지출하면 질병이 생겨서 치료하느라 들어가는 치료비 지출을 절감할 수 있기 때문이다. 우리나라 국민들은 국가건강검진을 통하여 조기에 암을 발견하여 완치가 되고, 성인병이 생길 가능성을 미리 알고 생활 습관을 고쳐 건강한 삶을 살 수 있으니 얼마나 다행한 일인가.

장수 노인이 늘어 노인 인구가 증가하는 것도 국가건강검진의 혜택의 일부라고 생각된다. 과거 허준 선생 시대에는 평균수명이 30대였으나 지금 우리나라 국민의 평균수명은 80대를 바라보고 있다.

우리나라의 국가건강검진은 생애주기별 건강검진이다. 생후 4개월부터 영유아 건강검진이 시작되어 나이가 들 때마다 단계적으로 검사항목이 추가되어 노인 연령이 되면 치매 검사를 포함해 요람에 갈 때까지 평생 동안 국가 건강보험에서 건강검진을 지원한다. 이렇게 태어나서부터 사망 시까지 건강검진을 시행하는 나라는 한국과 일본 정도이다. 그러나 전 국민을 대상으로 평생 건강검진을 거의 강제 시행하는 제도를 가진 나라는 지구상에 대한민국밖에 없다.

생애 첫 건강검진인 영유아 건강검진은 생후 4개월부터 시작된다. 검진항목은 시각과 청각 문진을 포함한 진찰과 함께, 키와 몸무게 그리고 머리둘레 등의 신체 계측을 하고, 안전사고와 영양 그리고 영아돌연사증후군에 대한 교육을 실시한다.

초등학교 입학 전까지 일곱 번의 건강검진을 받게 되는데 나이에 따라 치과 검진, 시력검사, 체질량지수BMI 측정 등이 추가된다. 청소년 건강검진은 문진은 물론 요검사, 빈혈, 혈당, 간기능검사가 시작되면서 간염 등 감염병 혈액검사와 흉부방사선

검사가 포함된다.

　20세가 되면 일반 건강검진이 시작되고 40세가 되면 암검진이 시작된다. 암검진에는 6대 암, 즉 위암, 유방암, 대장암, 간암, 자궁경부암, 폐암 검진이 포함된다. 6대 암 중에서 제일 먼저 위암, 유방암, 간암 검진이 40세에 시작되고, 폐암 검진이 제일 늦어 54세에 시작된다. 여성을 위한 자궁경부암 검진은 만 20세부터 시작한다. 치매 예방을 위한 인지검사는 66세에 시작된다.

　건강검진에 포함된 기본 검사항목을 우습게 보는 경향이 있다. 소아 검진에는 세 가지, 즉 몸무게, 키, 머리둘레의 신체 계측이 있다. 건강검진을 주기적으로 받아 세 가지 신체 계측치가 모두 있으면 혈액검사나 MRI 같은 검사보다 더 값어치 있는 건강정보를 제공할 수가 있다.

　예를 들면 3세 때 몸무게가 또래의 90%에 해당하여 체중이 많이 나갔던 아기가 7살에 몸무게가 또래의 몸무게와 비교했을 때 50%, 즉 평균치에 해당하여도 평균이라고 안심하여서는 안 된다. 3세에 몸무게가 50%에 해당하여 7세까지 50%가 유지된 아기하고는 다른 평가를 하여야 한다. 체중증가 곡선이 또래의 90%를 따라 성장하지 못하였기 때문이다. 그동안 영양상에 문제가 생겼다고 볼 수도 있다. 이럴 때는 대사장애 등 정밀검사가 필요하다. 항상 기본검사에서 질환의 의심이 시작되어야 하기 때문에 기본검사는 항상 중요하고 필수 사항으로 경시해서는 안 된다.

우리나라에서 제일 흔한 암인 위암의 경우 세계 최고의 치료 성적을 자랑한다. 세계 최고의 암병원인 MD앤더슨암병원의 위암 환자 5년 생존율은 70% 전후이지만 연세암병원 위암 환자 5년 생존율은 90%를 상회한다. 위내시경을 포함한 건강검진을 통하여 암이 조기 발견되기 때문이다. 암환자의 생존율은 조기에 암을 발견하느냐 말기에 암을 발견하느냐에 따라 전혀 다르다.

위내시경 검사는 우리나라에서 건강검진을 제일 먼저 시작한 하나로의료재단을 비롯하여 대학병원은 물론 KMI 등 많은 건강검진 전문기관과 개원가에서도 시행할 수 있는 쉬운 검사 항목이 되었다.

미국 보스턴에 사시는 교포가 소화가 되지 않아 미국인 가정의에게 위내시경 검사를 요청하였으나 수차례 거절을 당한 후에야 실시한 내시경 검사에서 위암이 발견되었다. 위암 수술을 받아야 할 터인데 전문 외과의사의 진료예약과 정밀검사 그리고 입원까지 얼마나 과정이 복잡하고 많은 시간이 소요되는지를 잘 알고 있는 데다 천문학적인 치료비용까지 생각하여, 결국 그분은 서울로 가기로 결정했다. 위암 판정을 받고 바로 서울행 항공권을 예약하고 귀국하여 연세암병원에서 위암 수술을 진행하였다. 수술 후 5년이 지난 그 교포분은 미국에서 여생을 건강하게 잘 즐기고 있다.

우리나라의 건강검진 시스템을 세계 여러 나라가 부러워한다. 미국의 오바마 대통령도 전 국민이 보험료는 적게 지불하면서 최상의 의료혜택을 받는 한국의 건강보험제도를 미국에 도입하고 싶어 했다.

중국의 혈액검사 전문기관인 절강디안진단기술주식유한공사는 하나로의료재단에 중국 항저우에 합작으로 건강검진센터를 개원하자고 요청했다. 세브란스병원이 중국 이싱에 수출하려던 건강검진센터의 개원은 이루어지지 못하였지만, 2014년 중국 항저우에 중국 디안그룹과 하나로의료재단이 합작으로 설립한 '항주한눠의료문진부'가 개원되었다. 우리나라 건강검진 시스템이 처음으로 중국에 수출된 것이다.

최초의 암센터에서
최고의 암병원으로

1969년, 연세암센터가 우리나라 최초의 암치료 전문 의료기관으로 개원했다.

과거 일본 정부는 해외 기술원조의 일환으로 아시아 지역에 암센터 건립 계획을 추진했는데, 이 소식을 들은 세브란스병원 임의선 원장이 사립대학인 연세대에 암센터 유치를 희망하여 노력했지만 국가 간의 차관이기 때문에 민간병원보다는 국립대 병원에 유치해야 한다는 반대에 직면한다. 이때 육영수 여사가 도움의 손길을 내밀었다. 임의선 원장이 당시 박정희 대통령의 자녀를 완치시켜 준 인연이 있었기 때문이다.

이로써 세브란스병원 자체 예산 8천만 원과 일본 차관 1억 5천만 원의 재원으로 연세암센터가 개원했다. 그 당시에 세브란스병원의 1년 수입이 6억7천만 원으로, 세브란스병원의 운명을 건 최대의 사업이었다.

세계 최고의 암병원은 미국 텍사스 휴스턴에 위치한 MD앤더슨암병원이다. 연세암병원은 국내 유일한 MD앤더슨암병원의 자매병원이다. 암병원 새 병원 개원 당시 MD앤더슨암병원은 미국과 세계 여러 나라에 6개의 파트너 병원과 29개의 자매병원을 가지고 있었다. MD앤더슨암병원은 이러한 세계 각국의 자매병원들과 함께 GAPGlobal Academic Program 컨퍼런스를 매년 개최했는데, 2014년에는 연세암병원의 개원을 축하하기 위하여 세계의 암치료 석학 1천여 명이 참석하는 GAP 컨퍼런스를 서울에서 연세암병원과 공동개최하였다.

이때 MD앤더슨암병원 의사 200여 명이 참여하여 암치료의 최신 동향을 토의하고, MD앤더슨암병원 일부 의사들이 연세암병원 의료진과 한국의 암환자들을 공동진료하기도 했다.

GAP 컨퍼런스를 주최한 MD앤더슨암병원의 로널드 드피뇨Ronald A. DePinho 원장이 국내 기자를 위한 공동기자회견을 가졌다. 드피뇨 원장은 암의 원인으로 노화, 흡연, 그리고 음식과 바

이러스를 들었다. 노화는 어쩔 수 없지만 나머지 암의 원인들은

예방이 가능하다고 강조하였다. 흡연이 암의 원인 중 30%를 차

지하기 때문에 금연이 무엇보다 중요하고, 특히 건강검진을 통

한 암 조기발견의 중요성을 강조하였다. B형 간염 바이러스와

인유두종 바이러스가 일으키는 간암과 자궁경부암은 예방접종

을 통하여 예방이 가능하고, 하루 15분 정도 심장을 뛰게 하는

운동은 수명을 3년 연장하며 암·치매·비만·심장병 발병률을

東亞日報

"모든 癌, 절반은 예방 가능해요"

서울 온 세계 치고 암센터 美 'MD앤더슨' 로널드 드피뇨 원장

"암을 일으키는 원인은 매우 명확하다. 첫째는 노화, 그 다음엔 흡연, 음식, 바이러스. 늙는 거야 어쩔 수 없지만 나머지로 인한 암은 50%를 예방할 수 있다."

세계 최고의 암전문병원인 미국 텍사스 MD앤더슨암센터의 로널드 드피뇨 원장(59)은 1일 서울 서대문구 그랜드힐튼서울호텔에서 인터뷰를 갖고 이렇게 말했다.

2011년부터 MD앤더슨암센터의 원장을 맡아 온 그는 1~3일 서울에서 열리는 국제학술대회 'GAP콘퍼런스' 참석차 방한했다. GAP콘퍼런스는 MD앤더슨암센터가 교육과 국제 공동연구를 위해 해외 29개 자매 병원과 함께 매년 여는 행사. 한국에선 연세암병원 개원을 기념해 처음 열렸다. 국내에선 연세암병원이 유일한 자매 병원이다.

드피뇨 원장은 인터뷰 내내 흡연의 해악을 강조했다. 그는 "암의 30%는 흡연에서 비롯된다"며 "인위적으로 만든 담배로 인해 수백만 명이 삶을 잃고 있다"고 말했다.

그는 백신접종의 중요성도 강조했다. B형간염 바이러스와 관련된 간암, 인유두종바이러스(HPV)와 관련된 자궁경부암, 두경부암 등은 백신으로 예방할 수 있으니 맞으라는 것. 그는 또 정제 건강검진을 받아 암을 조기에 발견하고, 좋은 음식을 적당한 양만큼 먹는 것도 중요하다고 말했다. "뭘 먹는 게 좋은가"라는 질문에 "엄마가 권하는 걸 먹으면 된다"며 웃었다. 이어

> **'발암 원인은 정확히 4가지**
>
> **노화-흡연-음식-바이러스**
>
> **늙는 거야 어쩔 수 없지만**
> **나머지는 충분히 대처할 수 있어**
>
> **제일 우려되는건 뇌 관련 질환'**

로널드 드피뇨 미국 MD앤더슨암센터 원장은 "의학의 발전으로 무엇이 암을 발생시키고 진행시키는지 분석할 수 있게 됐다"고 말했다. 세브란스병원 제공

"채소와 과일을 많이 먹고 붉은색 고기를 피하는 게 좋다"고 조언했다.

스트레스는 암 발생률에 어떤 영향을 미칠까. 그는 "적당한 스트레스는 건강에 이롭다"고 말했다. 운동을 할 때나 무언가에 도전할 때 받는 '급성스트레스'는 받아도 괜찮다는 것. 다만 심리적인 '만성스트레스'를 받으면 노화가 촉진돼 결국 암으로 이어진다.

한국처럼 노동시간이 긴 나라에서는 만성스트레스에 노출될 가능성이 높을까. 그는 "나도 스트레스가 많은 직업을 갖고 있지만 즐기면서 일하고 있다"며 "근로시간 길이 자체가 아니라 삶을 바라보는 방식과 태도가 더 중요하다"고 강조했다.

드피뇨 원장은 학창시절부터 태권도를 해왔고 요가나 웨이트트레이닝, 자전거 타기 등도 꾸준히 한다. 그는 "심장을 뛰게 하는 운동을 하루에 15분 이상 하면 그것만으로도 수명을 3년 늘릴 수 있고 암 치매 비만 심장병 등의 발병률을 14% 낮출 수 있다"고 말했다.

인류는 암을 정복할 수 있을까. MD앤더슨암센터에서는 유방암과 난소암, 폐암, 전립샘암 등 일부 암의 사망률을 몇 년 안에 획기적으로 낮추기 위한 '문샷(Moon-shot) 프로젝트'를 진행 중이다. 드피뇨 원장은 "암을 박멸할 순 없지만 지금까지 굉장한 발전이 있었다"며 뿌듯해 했다. 그는 "암은 해결될 것 같지만 제일 우려되는 건 뇌질환"이라며 "알츠하이머병 파킨슨병 등은 아직 충분히 이해하지 못하는데, 앞으로의 도전 과제"라고 덧붙였다.

이샘물 기자 evey@donga.com

로널드 드피뇨 원장 방한 당시의 기사(동아일보 2014. 5. 3.)

10% 이상 낮출 수 있다는 등의 내용이었다. 과식을 피하고 적당량의 음식을 들 것, 채소와 과일 같은 좋은 음식을 취하고 붉은색의 고기를 피할 것, 심리적 원인, 즉 만성스트레스는 노화를 촉진하고 암을 유발하기 때문에 삶을 바라보는 방식과 태도를 바꿀 것 등을 강조했다.

세계적인 암병원 원장이 직접 말하는 암 예방의 기본 중의 기본을 현장에서 육성으로 들은 국내 언론은 이 내용을 주요 기사로 보도하여 다시 한번 암 예방법을 널리 홍보하여 주었다. 새로운 면역치료 항암제, 첨단 암치료 의료장비 등도 중요하지만 이런 기본적인 예방수칙이 더욱 중요하다.

MD앤더슨암병원이 GAP 컨퍼런스를 자매병원인 연세암병원과 공동개최하여 국내 암치료의 획기적인 전기를 마련하게 된 데에는 MD앤더슨암병원 홍완기 박사의 절대적인 공헌이 있었다. 두경부암과 폐암 연구 및 치료에 세계적 권위자인 홍완기 박사는 '팀 어프로치Team Approach' 기반으로 다학제 치료시스템을 개발하여 완치율을 끌어올렸고, 미국 대통령 암 자문위원으로서 미국암연구협회 아시아 최초 회장을 역임했으며, 텍사스대학 MD앤더슨암병원 연구부총장을 지냈다. 세계의 암 연구자를 대상으로 '홍완기 교수 암 연구상'이 제정되기도 했다.

2014년 개원한 연세암병원

홍완기 박사는 연세암병원의 건축과 설계 그리고 운영체계를 자문하는 국제자문위원회 위원장을 맡아 MD앤더슨암병원의 실무진은 물론 미국 에모리대학, 일본 긴키대학, 홍콩 중문대학 의료진들로 위원회를 구성하여 암병원 계획단계부터 개원 후의 운영까지 자세한 자문을 수행하였다. 이러한 도움은 홍완기 박사의 모교와 조국에 대한 사랑에서 비롯된 것이다.

한국의 암치료 및 연구 관련 의학자들이 MD앤더슨암병원에서 연수를 할 때에도 자상한 보살핌과 조력이 있었던 것은 물론, 한국의 기업 회장들이 암치료를 받을 때 MD앤더슨암병원을 주선하고 진료에 실질적인 도움을 주기도 했다.

2019년, 홍완기 박사의 갑작스러운 서거 소식이 들렸다. 29개의 세계 유수 MD앤더슨암병원 자매 암병원들과 함께 범세계적 암치료 및 연구 프로젝트를 시작하면서 미국의 달 탐사 프로젝트에 비유하여 'Moon Shots' Connect for Global Network'라고 명명하고 이끄시던 세계적 거목을 우리는 잃은 것이다.

세브란스병원의
해외수출 분투기

연세의료원에는 해외에서 많은 병원 관계자들이 방문하여 여러 협력 방안들을 논의한다. 말라위 대통령처럼 의료원을 방문하여 도움과 나눔을 요청하기도 하지만 대부분이 병원수출에 관한 협력 요청이다. 진영 복지부장관과 사우디아라비아의 킹 파하드 메디컬 시티King Fahad Medical City, 킹 파이살 전문병원King Faisal Specialist Hospital을 방문한 것처럼 현지를 찾아가서 협력을 모색하기도 한다.

의료원을 방문한 해외기관으로는 중국의 얀다그룹, 동링그룹, 루이츠그룹 등이 있고 태국의 시마티베병원 같은 병원 관계자도 있었지만 두바이 보건청과 오만과 카자흐스탄 그리고 쿠

웨이트 보건담당 관리 등도 연세의료원을 방문하여 의료협업을 논의하였다.

여러 나라 관계자들의 연세의료원 방문과 의료원 관련 직원들의 현지방문으로 병원수출에 관한 수많은 회의를 하였다. 회의와 검토로 끝난 경우도 많았지만 러시아 블라디보스토크 극동연방대학FEFU 병원 운영 참여와 중국 이싱시 건강검진센터 수출은 대표적으로 의료원이 깊숙이 해외 병원 운영에 참여하려 했던 사례들이다.

블라디보스토크 극동연방대학(FEFU) 병원

2011년, 러시아 연해주 부지사 일행이 연세의료원을 방문하여 러시아 블라디보스토크 루스키 섬에 신축 중인 극동연방대학 메디컬센터 운영에 도움을 주기를 요청하였다. 연세의료원에서는 현지를 방문하여 협력 방안을 논의하고 건설현장 답사를 시행한 후 2012년 3월부터 극동연방대학 메디컬센터 위탁운영 참여를 적극적으로 논의하기 시작했다.

2012년 12월에는 연세의료원을 방문한 극동연방대학의 세르게이 총장, 올레크 FEFU 메디컬센터장과 협약식을 체결했다. 의사 포함 의료진의 교류, 임상연구 분야 협력, 상호간 환자 송출, 환자치료 프로그램 협력 등의 내용이었다. 총장 일행은 의료원 의료정보실을 둘러보고 한국의 발전된 의무기록 전산화 시스템EMS과 영상저장시스템PACS, 진단혈액검사와 영상정보 등 각종 진료자료와 진료의 연결 시스템 등을 경험하고 귀국하였다.

2013년 6월에 입찰공고가 발표되면서 정갑영 연세대학교 총장과 함께 7월에 열린 FEFU 메디컬센터 개원식에 참석하였다. 개원식에 참석함으로써 FEFU 메디컬센터에 대한 연세대학교의 관심을 극동연방대학 총장을 비롯한 연해주 주지사에게 부각시켰다. FEFU 메디컬센터 병원건물은 완벽하게 완공되어 있었고, 수술실에는 다빈치 로봇수술 기계가 이미 설치되어 있었으며, 환자침대도 세브란스에서도 가지고 싶어 했던 미국 '힐롬'사 전동침대가 모든 병실에 구비되어 있어 깜짝 놀랐다. 언제라도 환자진료가 가능하도록 인프라가 완벽하게 구비되어 있었다. 현지 개원식 참여 결과 FEFU 메디컬센터 위탁운영 입찰에 참여하기로 최종 결정하였다.

운영 입찰 내용을 보면, 연세의료원에서 임상 분야에서는 재활의학과, 심장중재술·내시경수술을 포함한 외과, 신경과, 신경외과, 정형외과, 소아과, 산부인과, 내과, 안과, 마취통증의학과, 영상의학과 등 12개 분야였으며, 간호 및 감염관리를 담당할 2개 간호행정 분야, 그리고 예산관리, 기획, 인사관리, 홍보,

극동연방대학 메디컬센터 개원식에서

마케팅, 의료 질 관리 같은 4개 행정 분야가 참여대상이었다. 그동안 KOTRA의 지원하에 화상을 통한 원격진료를 시작하여 블라디보스토크 환자를 많이 진료했던 강남세브란스병원이 의료인력 파견 등을 담당하기로 내부적인 결정을 내렸다.

FEFU 메디컬센터에서 3년간 위탁운영비로 준비한 입찰 제안서상의 최대 입찰가격이 1억6600만 루블, 미화 512만9400달러였다. 입찰 참가 병원은 미국의 USC^{University of Southern California} 병원, 싱가포르병원과 한국의 연세의료원이었다. 연해주 주지사는 극동연방대학의 한국어과 출신으로 미국에서 추방당한 전력이 있는 전직 외교관 출신이었는데, 극동연방대학 총장과 함께 한국에 대단히 우호적이었다. 올레크 FEFU 메디컬센터장은 고려인으로 세브란스병원 신경외과에서 연수를 마친 우리 동포였다.

그러나 이런 현지의 우호적 여건에도 불구하고 두 번의 유찰 후 3차 입찰 결과 미국 병원 USC로 위탁운영이 결정되었다. 위탁운영비 제시 조건도 USC가 연세의료원보다 더 고액의 운영비를 제시한 것으로 파악되었으나, 모스크바의 러시아 주재 미국 대사까지 로비에 참여하면서 미국을 지원하는 러시아 중앙정부에 밀려 탈락한 것이다. 의료원장으로서 직접 현지 출장도 하였고, 의료원 국제협력처장 윤영설 교수와 행정직원들이 수차례 걸쳐 현지 방문하면서 오랫동안 준비한 사업이 실패로 끝나니 매우 허탈하였다.

중국 이싱시 건강검진센터

연세의료원은 2012년 10월 중국 이싱Yixing시 인민정부 및 중국 건설회사 강소중대지산그룹, 한국 IT기업 (주)네패스와 함께 이싱시 실버타운 '동궤 양생단지' 건설부지에서 열린 '이싱 세브란스 VIP 검진센터' 착공식에 참석하였다. 착공식에는 중국 측에서는 쨩리쥔 이싱시 인민정부 시장 등 고위관리들과 탄이량 중대지산그룹 회장 등 300여 명이 참석했다.

"스마트폰은 삼성, 자동차는 현대, K-POP은 〈강남스타일〉이 대표적인 한국 브랜드라면, 의료에는 세브란스가 있습니다. '이싱 세브란스 VIP 검진센터'는 세계 최고 수준의 검진시스템을 갖추게 될 것이며 이는 건강증진에 대한 수요를 충족시킴은 물론 강소성, 안휘성, 절강성을 잇는 장강 삼각지역 및 화동지역의 최상위 고객층을 대상으로 한 성공적인 의료시장 기반이 될 수 있을 것입니다."

의료원장으로서 인사말을 통해 이렇게 강조했다. 탄이량 중대지산그룹 회장은, "세브란스와 MOU 이후 뱃속의 아이를 태교하는 마음으로 오늘 착공식을 기다려 왔다"면서 "세브란스는 정말 좋은 파트너이기에 향후 프로젝트가 잘 진행되길 기원한다"고 말했다.

의료원 방문단은 행사 전일 강소성 우시Wuxi시 정부를 찾아 협력관계를 논의했다. 주커지앙 우시시 시장은 "장강 삼각주 지역은 중국 내에서도 경제수준이 상위권이고, 고급의료에 대한 수요가 크다"며 "향후 정기적으로 의료자원을 공유해 세브란스가 우시시 의료발전에도 많이 기여해 주길 희망한다"고 했다. 또한 우시시 검진센터 설립 및 우시시 현지 종합병원과의 협력도 논의했다.

우시시 시장은 우시시에 한국 기업이 많이 있으니 대한민국

국적기인 아시아나항공의 우시 직항 정규노선 개설에 도움을 달라는 요청을 정중하게 하기도 했다. 이러한 요청은 귀국 후 항공사 회장님을 만나서 전달해 드렸다. 의료원 방문단은 시 소개로 우시시 제1인민병원을 방문해 전산시스템, 검진센터 현황 등도 살펴봤다.

'이싱 세브란스 VIP 검진센터' 착공식 당일 저녁만찬에는 중국 전체 60개 부동산 그룹 협회 다의다우의 비서장이 참석해 '이싱 세브란스 VIP 검진센터'에 많은 관심을 표현했다. 다의다우의 비서장은 "중국의 의료산업은 이제 노인 실버산업으로 이동하기 때문에 중국의 많은 부동산 업체들이 이번 '이싱 세브란스 VIP 검진센터'에 많은 관심을 가지고 있다"며 "향후 한국에 와서 세브란스병원에서 VIP 건강검진을 받아 보고 싶다"고 말했다. 김광준 이싱 검진센터 추진팀장은 행사 마지막 날 '2012 아시아 실버부동산 산업 세미나'에서 '첨단 건강증진센터 아시아에서의 실천'이라는 주제로 발표했다.

이싱시 정부와 중대지산그룹과의 계약 운영에 관한 내용은 '세브란스' 브랜드 제공, 필수 의료인력 파견 등으로 건물 준공 후 향후 5년간 500만 달러의 수수료 지불 조건이었다. 중국 내에서 처음으로 '세브란스' 브랜드를 전면에 세울 수 있었다. 건립 재원은 중대지산그룹과 ㈜네패스가 투자하고, 중대지산

중국 이싱 세브란스 VIP 검진센터 착공식

그룹은 향후 칭다오, 하이난 등에도 실버타운 체인화를 시도할 예정이므로 연세의료원과 계속 협력을 활성화하기로 하였다.

이후 실버타운과 세브란스 VIP 검진센터 건물은 완공되었으나 중대지산그룹의 경영난으로 개원식도 못 하고 사업 자체가 중단되었다. 참으로 많이 아쉬웠다. 그나마 완공된 후 위탁운영에 따른 수수료와는 별도로 완공 전 건설공사 중 세브란스 VIP 검진센터를 위한 실무팀 인건비와 김광준 이싱 검진센터 추진 팀장 외 관련 교직원의 이싱시 왕복과 체류 경비 등을 분기별 실비 정산하기로 하여 금전적 손실은 보지 않아 다행이었다.

민간의료기관 단독으로 병원을 수출하는 것은 행정력이 많이 소요되는 작업이며 성공이 된다는 보장도 없다. 처음부터 깜깜이 출발이다. 상대 파트너에 대한 신용 정보도 없고 계약조건 등이 사업타당성이 있는지, 국제법상 불리한 독소조항은 없는지 등등 모든 것이 생소하고 처음 해보는 작업이었다.

중국과 러시아 프로젝트는 자본참여 요청이 없었고, 그런 조건이었기에 의료원도 적극적으로 참여를 한 사례였다. 많은 해외 의료기관들이 병원수출에 자본참여를 요구한다. 그러나 의료원은 비영리기관으로서 해외 자본참여는 불가능하다. 그리고 자금의 여유도 없기 때문에 자본참여를 할 여건도 되지 못한다.

병원수출은 우리나라가 국부창출을 할 수 있는 경쟁력 있는 분야 중의 하나이다. 보건복지부와 KOTRA 등 국가기관이 능동적으로, 그리고 국가정책적 차원에서 적극적으로 도와주기를 바란다. 병원수출 지원을 전담하는 정부조직이 필요하다. 과거 박정희 대통령 시절 '수출입국'을 위하여 기업들에게 금융·세제 혜택을 파격적으로 지원했던 것처럼, 병원수출을 위한 정책 입안을 통하여 우리나라 병원과 의료진들을 세계 곳곳에서 볼 수 있는 날이 오기를 기다려 본다.

07

의료산업화 경영

신생아 호흡부전증
치료제의 국산화

나는 소아과 전문의사이며 세부전공은 신생아 집중치료이다. 즉 인큐베이터에서 치료받는 미숙아 신생아 진료가 전공이다.

미숙아 전문 치료인들은 미숙아를 '이른둥이'라고 부른다. 만삭이 되어 출생하면 몸무게가 3,200gm에서 3,500gm 사이가 된다. 신생아집중치료실NICU, Neonatal Intensive Care Unit에는 분만 예정일보다 무려 3~4개월이나 일찍 태어나 몸무게가 500~600gm밖에 되지 않는 미숙아도 입원하고 있다. 이런 미숙아들에게 인공호흡기를 부착하여 숨을 쉬게 하고, 배꼽에 있는 동맥에 삽관을 하여 영양을 공급하고, 간기능과 콩팥기능을 확인하기 위해 혈액검사도 한다. 심전도도 모니터하면서 동맥혈액의 산소포화

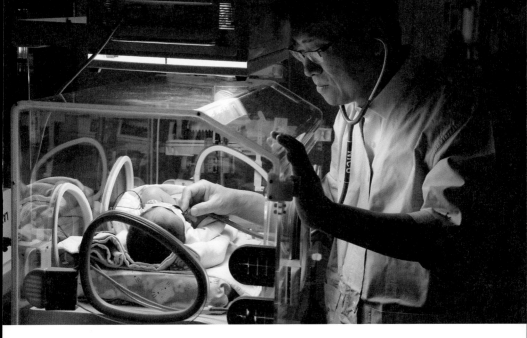

신생아집중치료실에서

도도 계속 측정한다. 성인 중환자실에서 행하는 모든 집중치료
가 출생체중이 500~600gm밖에 되지 않는 미숙아에게 모두 행
하여지고 있는 것이다.

　미숙아는 폐가 미숙하여 숨을 잘 쉬지 못한다. 미숙한 폐에
서는 폐를 팽창시키는 폐 계면활성물질Pulmonary Surfactant이 부족
하여 숨을 들이쉴 때 폐가 팽창하지 못하고 숨을 내쉴 때는 폐
가 완전히 쪼그라든다. 팽창하지 못하고 쪼그라들어 공기가 들
어가지 못하는 미숙아의 폐를 획기적으로 치료하는 것이 소의

247

폐에서 추출한 인공 폐 계면활성제이다. 폐를 팽창시키기 위하여 미숙아에게 인공호흡기를 사용하고, 인공호흡기 치료를 하면서 폐 계면활성제를 흡입시키면 폐가 활짝 펴진다.

미숙아 치료의 대부분이 숨을 쉬게 하는 호흡 치료이다. 폐 계면활성제는 호흡기를 사용하는 치료기간을 단축시켜 미숙아의 생명을 살리는 획기적인 약물이다. X-ray 사진상 쪼그라져 하얗게 보이던 폐가 폐 계면활성제를 흡입시키면 바로 폐가 펴지고 공기가 들어가서 X-ray 사진상 폐가 검게 변하는 것을 볼 수 있다.

소의 폐에서 추출한 인공 폐 계면활성제를 처음 개발한 의사는 일본 이와테대학의 후지와라 교수이다. 후지와라 교수는 이 약을 개발하면서 세계적인 석학의 위치에 오르게 된다.

폐 계면활성제를 국산화시키려고 몇 제약사와 접촉하였으나 반응이 시원치 않았다. 성인보다 극히 작은 미숙아에게만 사용하니 수요가 적을 수밖에 없고, 항생제나 고혈압 치료제처럼 일반적 수요가 없기 때문에 제약사들이 꺼리는 것은 당연했다. 그런데 유한양행 중앙연구소장 이종욱 박사가 유한양행 임원회의에서 폐 계면활성제 개발계획을 발표할 기회를 만들어 주었다. 결국 유한양행 임원회의에서 폐 계면활성제를 공동개발하자는 결정을 얻을 수 있었다.

1992년 과학기술처에서는 기초과학을 제품화로 연결시킬 중간핵심기술을 육성하기 위하여 중간핵심개발 연구사업을 시작하였다. 국가기관 주도하에 제품과 연결시킬 수 있는 기술을 개발하기 위하여 시작한 연구사업으로, 기업체 연구소에만 신청 자격을 주는 연구비였다.

　　신생아 호흡부전 치료제 개발을 위하여 유한양행과 공동으로 중간핵심개발 연구비를 수주하였다. 후지와라 교수의 폐 계면활성제가 특허가 만료되어 조성물질의 구성 등 일부는 알려져 있었지만, 구체적인 배합 조성과 비율 등은 알려져 있지 않았다. 유한양행 연구실에서 폐 계면활성제 후보물질들을 다양하게 배합하여 보았지만 약품 효과를 측정할 방법을 아는 연구기관이 없었다. 후보물질의 약효를 측정하는 방법을 배우기 위해 결국 폐 계면활성물질을 상업화시킨 일본 모리오카 이와테 대학 후지와라 교수 실험실에서 연수를 하기로 결정하고 센다이행 비행기에 올랐다.

　　실험동물로는 미숙아와 같은 조건을 만들기 위해 제왕절개로 조산분만시켜 얻은 미숙 토끼 태자의 폐를 이용한다. 두 가지 실험을 하는데, 하나는 후보물질을 물리학적 활성도, 즉 투여 후 기포의 팽창과 수축을 반복한 후 압력곡선을 측정한다.

다른 하나의 실험은 후보물질 투여 후 토끼 미숙 태자의 폐압력-용적 곡선을 측정한 후에 토끼 미숙 태자의 폐를 조직절편으로 만들어 현미경 하에서 폐조직의 확장면적을 측정하는 것이다.

특허가 만료되었지만 후지와라 교수의 제품과 동일한 효능을 가진 최적합한 폐 계면활성물질 성분조합을 찾아내는 것은 쉽지 않은 일이었다. 유한양행 중앙연구소에서는 수많은 소의 폐에서 추출한 원액을 이용하여 여러 조합을 계속 제조하다가 38번째 조합까지 진행시켰다. 매 조합마다 토끼 태자 폐에서 효과를 분석한 결과 38번째 조합이 만족할 만한 성분조합이라는 결론을 얻게 되었다.

유한양행 연구실에서 1번부터 38번까지의 조합을 만들어 줄 때마다 연세의대 연구실에서 제왕절개해서 분만시킨 수백 마리의 미숙 토끼 태자의 폐와 씨름하면서도 한편으로는 NICU의 미숙아 진료 주치의로서 진료를 동시에 수행하였다. 인생에서 가장 바쁜 시기였지만 진료의사이자 연구자로서 가장 보람 있었던 시절이다.

1996년 4월, 드디어 보건복지부로부터 폐 계면활성제 국내 신약 뉴팩탄Newfactan의 국내 시판 허가를 얻었다. 얼마 후 일본

에 광우병이 유행하여 일본의 소 폐에서 추출한 일본산 폐 계면
활성제가 수입 중단되는 일이 일어났다. 폐 계면활성제가 소의
폐에서 얻어지는 생물학적 약품이기 때문이다. 다행스럽게도
국산 약을 개발한 덕분에 우리나라는 어려움 없이 미숙아의 생
명을 구할 수 있었다. 만일 우리가 개발한 국내 신약이 없었더
라면 미숙아 치료를 어찌할 뻔하였는가?

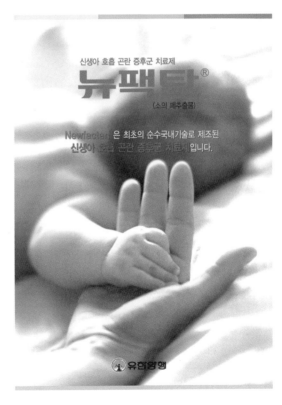

폐 계면활성제 국내 신약 뉴팩탄을 알리는 브로슈어

꿈을 현실로,
세브란스 특허박람회

뉴팩탄의 개발은 임상의사와 제약회사 간 산합협동의 1세대에 해당하는 작품이었다. 당시 모든 것이 처음이라 고생이 많았다. 후배 교수들에게는 같은 고생을 시키지 않고 산업화·제품화를 이룰 수 있도록 하고 싶었다. 우선적으로 교수들 연구의 특허등록을 도와주는 제도를 만들었다.

교수들의 논문은 승진과 향후 연구비 수혜에 가장 중요한 요인이다. 그런데 논문이 일단 게재되면 특허출원이 되지 않는다. 학술잡지에 게재되면 이미 논문의 내용은 연구자의 개인 재산이 아니라 공공재가 되어 버린다. 교수들은 연구에만 몰두하고 논문 쓰기만 열중한 까닭에 특허 절차에 대하여 어둡다. 이미 논문에 게재된 내용을 가지고 특허를 출원하려 하는 이들도 있다. 그리하여 논문을 작성하기 전 아이디어 단계부터 특허를 제출하고 실험을 시작해야 한다는 내용을 여러 차례 교수들에게 교육하였다.

특허출원 전문 변리사와 계약하여 일주일에 세 번 의료원을 방문해 교수들과 특허에 관해 의논하도록 하고, 연구주제가 특허출원이 가능하다고 판단되면 특허출원 절차를 의료원 연구처가 전담하여 대행하는 제도를 도입하였다. 교수들은 연구에만 몰두하고 특허에 관한 행정지원은 의료원 연구처가 하는 제도를 시작한 것이다.

2007년 한 해에 57건에 불과했던 특허출원이 2011년에는 한 해에 141건으로 증가하였다. 2012년이 되니 그간 의료원 교수들이 출원한 특허가 모두 700여 건이 되었다. 이러한 신 의료기술을 관련 업계와 공유하고 싶었다.

2012년 11월에 서울 플라자호텔에서 '세브란스 특허박람회 Severance Patent Fair'를 개최하였다.

"세브란스병원 의료진들과 각 대학 연구실에서 보유 중인 700여 개의 신 의료기술을 국내외 제약 및 의료기기 관련 업계와 공유하고자 합니다. 생명을 살리는 좋은 의료기술이 실용화

세브란스 특허박람회

되어 대한민국의 미래 의료산업을 이끌 견인차 역할을 하게 되
길 바랍니다."

이러한 내용의 초청장을 관련 업체에 발송하였다. 국내 의료
기관으로는 처음으로 연세의료원이 보유한 특허를 산업체와 공
유하고 이전하기 위한 박람회를 개최한 것이다.

GSK, 사노피 아벤티스, 얀센코리아, 동아제약, 대웅제약, 유
한양행, 삼성바이오에피스, LG생명과학, LG전자, 셀트리온 등
다국적 제약사, 국내 제약사를 비롯하여 의생명 벤처기업, 전자
회사 등 다양한 바이오헬스 기업 대표 및 연구개발 책임자 그리
고 특허 관련 법률사무소 관계자와 변리사들까지 500여 명이
참석했다.

심장내과 장양수 교수는 스텐트 기술 등 41개의 특허를, 소
화기내과 송시영 교수는 24건의 특허를, 의용공학교실 유선국
교수는 29건의 특허를 이미 보유하고 있었다. 특허박람회에는
바이오 마커를 이용한 항암치료용 타깃 기술, 한국형 스텐트,
줄기세포 치료제, 유전자 치료제, 각막이상증 치료제 등 실용성
이 높은 27개의 기술이 전시되었다.

의사들이 진료현장에서 느끼는 아이디어들을 연구로 이어
가고 산업화로 연결시키자는 특허박람회의 취지가 다음 해에
준공되는 에비슨의생명연구센터로 이어져 우리나라 생명공학

의 의료산업화를 이끄는 견인차가 되기를 희망하였다. 에비슨 의생명연구센터가 우리나라 바이오산업의 메카로 태동하는 꿈을 실현시키고 싶었다.

연세의료원 수입의 99%는 환자진료 수입으로부터 발생한다. 우리나라 의료보험 수가처럼 원가에도 못 미치는 수가를 받아서는 감가상각비조차 확보가 어려워 새 병원 건물을 짓거나

의료산업화에 관한 <아시아 초대석> 기사(아시아경제 2013. 2. 12.)

첨단장비를 구입하기는 불가능하다. 오래전부터 연세의료원도 외국 의료기관처럼 예산의 15%는 특허이전료로부터, 예산의 15% 정도는 기부금으로 수입을 꾸리는 것이 꿈이었다.

세브란스가 특허박람회를 개최한다는 소식에 언론들도 처음에는 "기업체도 아닌 대학병원이 참 신기하다"며 일회성 뉴스거리로 치부했다. 그러나 행사 당일 기자간담회와 박람회 현장을 취재한 언론들은 긍정적인 기사를 토해 내기 시작했다. 한국경제신문은 언론사로서 최대의 찬사인 사설을 통해 '세브란스병원의 변화에 주목한다(2012년 11월 27일자 39면)'라며 격려하기도 했다.

"선진국에서 병원은 국가 전체 연구개발 시스템의 중요한 한 축이다. 이에 비하면 우리는 아직 걸음마 단계이다. 정작 연구 실적이 나와도 병원 안에 묻히기 일쑤다. 대학병원과 의사를 연구소와 연구 인력으로 활용할 생각을 해야 한다. 세브란스병원이 바로 이런 시도를 하고 있다."

"이런 변화가 더 많은 병원으로 확산돼야 한다. 정부는 병원을 국가 연구 시스템으로 끌어들이기 위해 인센티브를 적극 검토할 필요가 있다."

이는 '의료입국'으로 변화하려는 세브란스병원의 노력에 큰 격려가 되었다.

국내 병원 인력의 90%가 진료 인력이지만, 특허가 이전되어 기술이전료 수입이 증가하면 미국의 하버드 의대 부속병원처럼 병원 인력의 40% 정도까지 연구 인력으로 채워지기를 기대한다. 미국의 노스웨스턴대학이 원천기술로 벌어들이는 연간수익이 1천억 원을 상회하고 있었다.

'세브란스 특허박람회'는 '세브란스 기술설명회'로 이름이 바뀌어 2020년까지 총 14회의 특허 기술이전 박람회가 개최되면서 기술사업화와 산학협력 활성화에 대한 가시적 협력 성과가 확대됨에 따라 관련 산업체로부터 큰 호응을 얻고 있다. 연세의료원은 기술이전 수입이 2014년 1억 원으로 시작하여 2017년 연간 16억으로 대폭 증가하였고, 2018년 20억을 돌파한 후 2019년에는 계약액 234억 원, 기술이전 수입 22억 원으로 매해 증가하고 있다.

언제까지 진료수익에 의존해 생존할 수 있을까? 대한민국 모든 병원들의 공통된 고민이다. 우리나라 보건의료 환경 속에서 진료수익은 한계에 도달해 있다. 국민들의 의료서비스에 대한 높은 기대수준을 충족시키고, 기관의 지속가능한 발전과 경영 수월성을 확보하기 위해 새로운 수익구조가 절실하다. 그렇기에 많은 의료기관들이 최근 '연구 중심 병원'을 표방하고 있지만 이는 하루아침에 갑자기 성공할 수 있는 것이 아니다.

로봇수술의
메카가 되다

2009년 세브란스병원이 세운 세 가지 핵심목표 중 하나가 '의료
산업을 선도하는 병원'이었다. 이제는 수많은 환자를 진료한 임
상경험과 연구역량을 활용해 진료 부분이 아닌 의료산업 분야
에서 병원수익을 올려 국부창출로 연계시켜야 한다. 연세의료
원 산하의 의료산업화 관련 연구조직에서 많은 투자이익을 내
어 병원의 재정도 튼튼해지고 국민도 먹여 살리는 때가 오기를
꿈꾸어 본다. 꿈을 실현하기 위하여 2009년이 세브란스병원의
의료산업화 원년이 되기를 희망하였다.

2001년 연세의료원이 바이오산업에 2억 원을 투자한 자본
참여가 5배 정도의 평가수익을 올렸다. 주식투자에 골몰해서

생긴 일이 아니라, 의료산업화에 대해 비전과 의지를 가진 결과였다.

2000년, 세브란스 새 병원 공사 터파기가 한창 진행 중이었을 때의 일이다. 의과대학 증축으로 연구시설 확장이 절실했지만, 새 병원 건축도 힘겨웠던 터라 감히 엄두를 못 내던 상황이었다. 그때 이수화학으로부터 의과대학 신관 3개 층을 증축해 줄 수 있다는 제의가 전달되었다. 증축 3개 층 중 1개 층을 10년간 이수앱지스Isu Abxis가 사용한다는 조건이었다. 이수앱지스는 의대 신관 6층에 입주했고, 2007년 국내 최초로 치료용 항체 클로티냅을 출시했다.

이수앱지스 최창훈 대표이사는 의료원에 이수앱지스 자본참여를 요청했고, 건축공사로 인한 재정적인 어려움에도 불구하고 강진경 의료원장의 결재를 얻어 2억 원의 투자를 감행했다. 이후 2008년 상장이 되면서 이수앱지스의 의료원 투자분이 한때는 25억 원을 상회하기도 하였으나 2020년 9월 현재 9억5천만 원이다.

횃불트리니티신학대학원 수업을 받던 중에 동기 입학생인 미래컴퍼니 김종인 대표로부터 이런 의논을 받았다. 나라에 도움이 되는 사업을 하고 싶은데 나라의 미래인 신생아를 위한 좋은 산후조리원을 열고 싶어서 자문을 청한다는 내용이었다. 기업을 하시는 분이 전혀 생소한 산후조리원을 꿈꾸시는 것이 이상하다고 생각했지만 몇 주 동안 실태조사를 하여 자료를 전달하였다.

그러면서 산후조리원은 신생아들과 어머니가 같이 기숙을 하기 때문에 소아과·산부인과 두 분야의 의사가 필요하다는 점, 특히 그동안 많은 진료가 행해진 어른과 달리 신생아는 갓 태어나서 몸 안에 심한 질환이 숨어 있을 수도 있다는 점, 갑자기 응급상황이 발생할 수 있기 때문에 소아과 의사가 반드시 있어야 한다는 것, 의사인력 채용도 어렵고 인건비 지출도 많이 늘어날 것이라는 점을 조언해 주었다. 그리고 차라리 대표님 전문분야인 로봇을 의료에 적용하는 시도를 해보는 것이 좋겠다고 제안했다. 미래컴퍼니는 반도체 제조용 장비 회사로 디스플레이 패널 제작 로봇 기술에서는 독보적인 존재라서 일본과 대만 회사도 경쟁이 되지 못한다고 들었기 때문이다.

2005년 세브란스 새 병원 개원 시 외과의사인 지훈상 의료원장이 추진하여 우리나라에서 처음으로 로봇수술을 시작하였다. 현재 세브란스병원에는 다빈치 로봇수술 기계 8대와 훈련용 로봇수술기 1대를 보유하고 있다. 2020년 3월까지 2만6천 예의 로봇수술을 시행하여 세계 최다 로봇수술 병원의 기록을 가지고 있다.

세브란스병원은 로봇수술의 메카로 전 세계 의사들이 로봇수술을 연수하기 위하여 세브란스병원을 찾는다. 외과는 물론 산부인과, 이비인후과까지 수술의 전 분야에서 로봇수술이 적용되고 로봇수술 트레이닝 센터도 운영하고 있다. 세브란스병원만 찾으면 모든 분야의 로봇수술을 배울 수 있다. 로봇수술의 표준지침서도 만들어 연수생들을 교육하기 때문에 이 지침서가 세계 표준이 된다.

로봇수술은 미국 회사가 전 세계 로봇수술 기계를 독점 공급하고 있다. 로봇수술에 쓰이는 수술 팔은 소모품으로 10회 작동 후 작동이 정지한다. 로봇수술비가 고액이라서 병원이 오해를 받기도 하지만 실은 로봇수술 팔이 소모품이고 고가인 것이 수술비가 고액인 큰 요인이 된다.

미래컴퍼니 김종인 대표께서 로봇수술기 개발에 도전하겠다는 결심을 하였다. 개발 초기에 세브란스병원 이우정 교수를 소개하였다. 이우정 교수와 미래컴퍼니 그리고 미국 퍼듀대학의 파이니 교수팀이 국가연구비를 수혜하여 본격적으로 개발이 시작되었다. 국내 개발 로봇수술기의 임상시험은 세브란스병원 비뇨기과 나군호 교수가 적극적으로 맡아 주었다. 2017년 임상시험 종료와 함께 식약청으로부터 임상사용 인증을 받았다.

이런 노력으로 국산 로봇수술기 '레보아이Revo-i'가 탄생한 것이다.

2019년 12월, 세브란스병원 은명대강당에서 13회째 열리는 '국제 로봇수술 심포지엄International Robotic Surgery Live 2019'가 열렸다. 세계 21개국의 로봇수술 전문가 500명이 참가하는 대규모 국제학회이다. 이 자리에서 '레보아이'를 이용한 전립선, 췌장 수술이 수술실 현장중계로 참석자들에게 소개되었다.

이제는 연구실에서 연구자 단독으로 연구하는 시대는 지났

국제 로봇수술 심포지엄

다. 임상연구자, 기초과학자, 산업체가 함께 연구해야 한다. 대학의 행정 책임자들은 연구자들이 팀으로 연구하도록 실험실 인프라에 투자하고, 연구비 수혜라든지 교수업적평가에도 팀으로 연구하는 연구자가 많은 혜택을 받도록 조직을 운영하여야 한다. 중이 제 머리 못 깎듯이 연구자들은 서로의 이해관계도 얽혀 있어 스스로 팀 연구를 할 수 없다. 때문에 대학의 책임자들이 팀 연구가 활성화되도록 승진심사나 교내 연구비심사 등의 제도를 개선하고 대학의 연구실 배정 지침에서도 팀 연구 운영을 최우선 순위에 둘 필요가 있다.

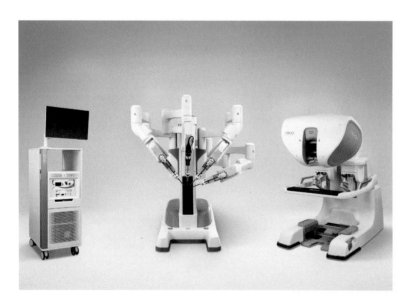

레보아이

공업입국에서
의료입국으로

연세대학의 많은 자매대학 중에는 일본 도쿄에 위치한 게이오 대학이 있다. 게이오대학병원을 방문했을 때 일본에서 유명한 게이오대학병원이 세브란스병원보다 크기가 작고, 매우 오래된 병원건물을 신축하지 않고 진료에 사용하는 것을 보고 놀랐다. 그러나 게이오 의대 학장의 설명을 듣고 병원 옆에 세워진 연구 센터를 방문하고 나서 생각이 바뀌었다. 게이오대학병원과 같은 구내에 병원 면적과 비슷한 연구동이 위치하고 있었다. 산학 연구협동을 위한 기업체와 기초의학 그리고 임상의학 교수들의 공동 연구공간이었다.

"도쿄 도심에 위치하고 병원과 같은 구역 내에 있다는 장점으로 많은 기업체 연구소들이 의사들과 공동연구를 위하여 연구소 입주를 희망하고 있습니다. 그러나 입주를 희망하는 기업 연구소가 너무 많아 모두를 수용할 수 없어 기존 규모와 같은 크기의 연구동을 게이오대학병원 구내에 신축 중이지요."

게이오 의대 학장의 설명이다.

오래된 병원건물을 새로 짓는 것이 아니라, 도심 고가의 땅에 산학협동 연구동을 짓고 그만큼 병원진료를 희생하고 있었다. 새로운 연구동과 구 연구동에서 쏟아져 나올 산학협동의 결과물들이 기다려졌고, 게이오 의대의 발상의 전환과 모험이 부러웠다.

우리나라 대학의 연구소도 게이오 의대처럼 운영되어야 한다. 병원 현장에서의 요구가 기초의학과 산업체 연구소의 연구에 절대적으로 반영되어야 한다. 연구를 위한 연구, 논문을 위한 연구, 연구비 수혜를 위한 연구는 지양되어야 한다.

LG연구소 연구사장인 백우현 CTO가 연세의료원을 방문한 적이 있다. 세브란스병원 소속 혈액검사시설과 연구시설을 돌아보고 임상교수들을 만나 본 백우현 CTO는 진료현장을 직접 보니 산업체 연구소도 연구방향을 많이 수정해야겠다는 생각이 든다고 하였다.

2013년 준공된 에비슨의생명연구센터ABMRC는 건물 전체 면적이 1만2천 평으로 지하 5층 지상 6층의 대규모 연구시설이다. 실험 벤치가 866개, 지하 2개 층에 중대형 동물실험실과 소형 동물실험실을 각각 운영하는 국내 최대의 의료원 소속 연구빌딩이다.

에비슨의생명연구센터가 준공되면서 우리나라 의료 분야 산학협동의 메카가 되기를 바랐다. 임상의 현장인 병원과 기초의학의 산실인 대학이 같은 캠퍼스에 있고, 그 위치 또한 서울 시내 한복판이다. 환자진료에 필요한 약품이나 치료제는 현장의 의사들만큼 잘 아는 사람이 없다. 산업체, 기초의학자, 그리고 임상의사들이 한 팀이 되어 산학협동이 잘 이루어지면 우리나라 장차 먹거리가 될 바이오산업의 핵심기지가 되리라고 생각되었다.

연세의료원의 교수들은, 특히 임상교수들은 최소한 1년 이상을 의료원 예산으로 해외 유수 연구기관과 병원에서 연수를 끝낸 의료진이다. 연구가 무엇을 추구해야 하는지 잘 알고 있으며, 그리고 해외 연구기관에서 하던 연구가 귀국 후에도 계속 지속되기를 원한다. 그런데 문제는 임상교수들은 시간이 너무 없다는 것이다. 환자진료와 학생교육까지 하다 보면 연구에 할애할 시간이 너무 부족하다. 통상 대학교수들은 교육과 연구 두 가지 일을 한다. 그러나 의과대학과 치과대학 교수들은 교육,

연구에다가 임상진료라는 세 가지 일을 해야 한다.

기초의학 연구 분야의 교수들은 대부분의 시간을 연구에 쓰고 있다. 게다가 연세대학교에는 약학대학, 생명시스템대학, 이과대학, 공과대학 등 바이오 기초연구에 종사하는 수많은 연구인력들이 있다. 임상교수의 현장에서 나온 아이디어를 가지고 이러한 기초학 연구 교수들과 협업하게 된다면 환상의 조합이 될 것이다. 여기에 기업체 연구소가 같이 연구팀을 만들 수 있도록 체제를 변화시켜야 한다. 이러한 연구조직에서 제품화와 산업화가 쉽게 이루어지고 환자들에게 쓰일 바이오 신약들이 많이 개발된다면 우리나라는 부국이 될 수 있을 것이다.

지금까지 우리나라가 한강의 기적이라 불리며 선진국 대열에 합류할 수 있었던 것은 '공업입국'에 의한 산업화의 결과이다. 과거에는 우수 인재들이 공과대학을 졸업하고 그들의 헌신으로 산업화를 이루었지만 지금은 우수 인재들이 의과대학으로 모인다. 이런 인재를 대부분 개업의로 양성할 것이 아니라 의학 연구를 통한 바이오산업 일꾼으로 돌려야 한다. 그런 의미에서 에비슨의생명연구센터가 '의료입국'을 통하여 우리나라를 바이오 선진국으로 발돋움시킬 수 있는 기폭제가 되기를 꿈꾸어 본다.

유일한 박사의 기부와
에비슨의생명연구센터

—

에비슨의생명연구센터에 200여 석의 '유일한 홀'이 명명되고 유일한 흉상 제막식이 열렸다. 농경시대에는 경주 최 부자가 노블레스 오블리주였다면 자본주의 사회에서는 유일한 박사가 우리나라의 대표적인 노블레스 오블리주이다.

유일한 박사는 1963년 자신의 주식 1만2천 주(발행주식 5%)를 연세 의과대학의 교육과 연구를 위하여 기부했다. 50여 년이

유일한 박사의 주식 기부

지난 현재 유일한 박사가 기부한 주식은 250만 주가 되어 연세대학재단은 유한양행 주식의 3.8%를 보유함으로써 유한양행의 4대 주주가 되었다. 유일한 박사는 기부에 한 가지 조건을 달았다. 기부한 주식을 매도하지 못하게 하고 오직 배당금으로 의과대학 약리학 교실 등의 의학연구에만 사용하라는 조건이었다.

유일한 박사는 1971년에 타계하며 자신의 모든 재산을 사회에 기부하라고 유언하였다. 또 회사경영에서 은퇴하기 전 자신의 아들을 포함하여 혈연, 친척들을 전원 회사에서 퇴사시키고 전문경영인 체제로 돌입하게 하였다.

과거 유일한 박사는 미국에서 큰 사업을 접고 조국 대한민국을 위하여 일해 보겠다는 결심하에 귀국하였다. 유한양행을 세우기 전에 에비슨 선교사로부터 세브란스에서 일해 보겠냐는 제의를 받기도 했지만, 교직보다는 기업을 통해 조국에 도움이 되겠다는 생각에 그 제의를 거절하였다. 에비슨 선교사와의 이런 인연으로 인하여 연세대학교 의과대학 연구기금으로 주식을 기부하였을 것이다.

유일한 박사가 기부를 하고 오랜 세월이 지나 탄생한 '유일한 홀'이지만 의학을 연구하는 의학자들에게 '유일한 홀'은 아주 유명한 장소가 되었다. '유일한 홀'은 대규모 강당은 아니지만 큰 규모의 학회모임이 아닌 실제적 연구모임을 하기에 적당한 크

유일한 홀

기와 위치에 있기 때문이다. 의학 관련 학회와 연구 관련 학회
및 모임으로 주말을 포함하여 거의 1년 내내 빈자리가 없을 정
도로 자주 이용된다.

이곳을 이용하는 의과학자들이 유일한 박사의 나라 사랑과
의료에 대한 열정을 배우고 가는 귀한 장소가 되기를 바라며,
특히 기업가들에게 의학연구 기부에 대한 동기도 부여하는 장
소가 되기를 바란다.

선진기술비교전시회와 특허박람회

매년 열리는 선진기술비교전시회가 기술격차를 따라잡는 일등공신이다. 어느 전자회사에서는 매년 같은 종류의 전자기기나 부품 등을 세계 최고 회사 제품들과 강약점, 부품구성, 원가, 설계방식, 정비수월성 등 모든 면을 비교하여 전임직원에게 공개 전시하는 행사를 열고 있다. 세계 최고 기업의 제품과 비교하여 모든 면에서 열등한 시절부터 너무나 당연하게 비교전시해 왔던 터라 지금은 저항이 거의 없고 오히려 더 앞선 기술과 설계를 과시하는 장으로도 쓰이고 있지만, 모든 면에서 열등했던 시절에는 설계실 입장에서는 그야말로 죽고 싶은 심정이었을 것이다. 나의 약점을 끊임없이 드러내고 반성하며 창피와 비난을 무릅쓰며 따라잡기에 최선을 다하는 가운데 실력이 늘고, 듣도 보도 못한 묘안이 나오기도 한 수십 년을 거치면서 세계 최고의 명품을 만드는 경지에 이르게 된 것이다.

미국의 모 화학회사는 자신들이 가진 특허의 모든 것을 분석, 특허를 유지하는 데 들어가는 비용과 이를 매각함으로써 얻어지는 이익 등을 면밀하게 분석함으로써 특허를 포함한 지적소유권을 관리하는 비용과 노력을 획기적으로 개선하여 지금까지 없었던 전혀 새로운 경영방식을 탄생시킨 것으로 유명하다. 업계에서 나는 지금 어디쯤에 위치하고 있는가, 내가 가지고 있는 지적자산은 어떠한 가치를 갖고 있으며 이를 어떻게 활용하는 것이 가장 효율적인가를 아는 것은 병원을 직접 운영하는 것보다 더 중요하다. 특허박람회는 그런 의미에서 선진기술비교전시회와 특허경영을 접목한 새로운 경영 돌파구가 된 획기적 사건인 셈이다.

08

환자안전 경영

국내 최초로
JCI 인증을 받다

JCIJoint Commission International 인증은 엄격한 국제 표준의료서비스 심사를 거친 의료기관에 발급된다. 환자의 안전과 양질의 의료서비스 제공을 목적으로 하며, 환자가 병원에 들어서는 순간부터 퇴원까지 치료의 전 과정 11개 분야 1,200여 개 항목을 세밀하게 평가한다.

미국의 의료보험인 블루크로스 블루실드Blue Cross Blue Shield는 보험 가입자들에게 국제적 표준의료를 제공하는 JCI 인증 병원만 이용하라고 권유하고 있다. 그래서 메디컬 투어리즘Medical Tourism이 강한 싱가포르, 태국, 인도의 병원들은 미국뿐 아니라 유럽, 중동의 환자를 유치하기 위하여 JCI 인증을 받고 있다.

세브란스병원은 2007년 국내 최초로 JCI 인증을 받았다. 인증 당시 이미 세계 35개국의 238개 병원이 JCI 인증을 받고 있었지만, 아시아에서는 불과 11개 병원만이 인증을 받은 상황이었다. 2천 병상을 가진 세브란스병원은 JCI 인증을 받은 병원 중 가장 큰 병원이었다.

JCI 인증 추진은 당시 지훈상 의료원장, 박창일 세브란스병원장의 결단이었다. 태국의 범룽랏병원을 방문하여 JCI를 소개받고 박창일 병원장에게 JCI 인증을 권유한 조우현 세브란스병원 기획관리실장의 선견지명에 찬사를 보낸다.

2007년 우리나라 병원 중 최초로 인증을 받았지만 인증의 효력은 3년이면 끝이 난다. 인증 후에 3년마다 재인증을 다시 받아야 한다. 첫 인증 과정이 얼마나 혹독했으면 인증에 통과되었다는 소식에 많은 교직원, 특히 현장에서 새로운 변화를 몸소 받아들인 간호사들이 눈물을 흘리며 기뻐할 정도였다. 그러나 첫 인증 과정이 너무 힘들었던 기억 때문에 교직원들은 재인증을 앞두고 예상되는 힘든 과정에 대한 두려움이 커졌다.

신임 병원장으로서 전임 병원장이 힘들여 얻은 인증을 지키지 못하고 재인증에 실패하면 큰 망신이 아닐 수 없었다. 재인증에 실패한다면 차라리 인증을 받지 않았던 것보다 못한 처지가 될 것을 생각하니 스트레스가 이만저만이 아니었다.

수험생들이 시험 보기 전 당일치기하듯 3년마다 이 고생을 하여야 하나 하는 중압감이 교직원들을 무거운 짐처럼 내리눌렀다. 그러나 교직원들은 JCI 인증 후 환자를 위한 안전관리와 감염관리가 얼마나 향상되었는지를 몸소 체험하고 있었기에 힘든 재인증 과정을 큰 불평 없이 묵묵히 준비하고 있었다.

3년마다 당일치기 시험 준비하듯 준비할 것이 아니라 인증에 필요한 1,200여 개 항목 중 대부분을 생활화하고 표준화하여 아예 몸에 배도록 하는 것이 가야 할 방향이라고 생각하였다. 인증을 위한 잠깐의 변화가 아니라 정말로 환자의 안전과 의료의 질을 높이기 위하여 조직을 신설하고 인력을 충원하면서 평소에 많은 교육도 함께 실시하였다.

JCI 인증을 받으려면 의료진 포함 행정직까지 모든 직원이 심폐소생술CPR, Cardiopulmonary Resuscitation을 이수하여야 한다. 전 직원에게 심폐소생술을 교육하려면 엄청난 시간과 시설이 필요하다. 세브란스병원에 심폐소생술 교육을 담당할 부서를 신설하고 이에 필요한 마네킹 시뮬레이터도 성인과 소아 포함하여 20여 개 구입하여 훈련센터를 운영하게 하였다. 이렇게 심폐소생술 훈련을 받은 직원들의 직원명찰에는 심폐소생술 이수 배지를 달았다.

주변 5개의 소방서 소방사들의 훈련도 위탁받아 실시하였다. 연령대가 높은 골퍼들이 이용하는 명문 골프장에선 가끔 심정지 사고가 일어난다. 제주 테디베어 골프장에서 캐디들의 심폐소생술 훈련을 요청하여 지원을 한 적도 있다. 이렇게 사회 각 분야에서 심폐소생술 훈련 요청이 있을 때 마다하지 않고 달려가는 이유는 심폐소생술이 모든 국민에게 보급되어 심정지 환자를 만났을 때 바로 소생을 시켰으면 하는 소망 때문이다. 세브란스병원 시설과 직원이 야유회를 갔다가 동료가 심장마비가 발생하자 훈련받은 심폐소생술을 실시하여 소생을 시켜 언론에 크게 보도된 적도 있었다.

JCI 인증에서 환자안전을 얼마나 중요시하는가 하는 실례가 있다. 세브란스 재활병원의 자랑거리 중의 하나가 환자대피용 비상통로이다. 재활병원 환자는 휠체어 이용이 가능한 환자도 있지만 많은 환자들이 침대에 누운 채 이동해야 한다. 이럴 경우를 대비하여 엘리베이터도 대형이 준비되어 있다.

재활병원은 화재 시 환자 대피를 위해 환자침대 전체가 이동할 수 있는 넓은 대피통로가 있는 것이 큰 자랑이었다. 대단히 넓은 면적을 10층에서부터 1층까지 연결된 비상대피 회전식 통로에 할애하였다. 그런데 JCI 인증 실사팀은 우리의 자랑이었던 비상대피 통로를 지적하였다. 이유는 병실 중앙에 화재가 날 경우 대피통로 쪽 환자는 침대로 이동이 가능하지만 화재 반대편 환자는 대피가 불가능하기 때문에 건물 반대편에도 동일한 크기의 대피통로가 준비되어야 한다는 것이었다. 결국 그 항목에서는 인증 통과를 받지 못했다.

JCI 인증 항목은 1,200여 개이다. 1,200여 개의 인증항목 중 환자안전에 관련된 IPSGInternational Patient Safety Goal 같은 항목은 필수 항목으로서 반드시 통과를 하여야 인증을 획득하게 된다. 그리고 인증의 효력은 3년간 유효하다.

인증평가단은 병원 크기에 따라 다르지만 통상 4~5명의 미

JCI 회장단 방문

국인 평가 전문인으로 구성된다. 이들은 5일간 병원 구석구석
을 훑고 다닌다. 응급실을 통해 입원한 환자를 응급실 내원에서
입원 후 수술과 퇴원까지 전 과정의 입원기록을 점검하고 평가
한다. 인증에 참여하는 미국 심사위원들은 오랫동안 그 방면에
종사한 전문가들이라서 짧은 순간에도 몇 가지 항목을 일거에
확인할 수 있는 탁월한 능력을 가졌다. 지나가는 직원 중에서
아무나 붙들고 화재 시 행동요령을 물어보고, 전 직원들에게 심
폐소생술인 CPR 훈련이 되어 있는지도 확인한다.

미국 보험회사는 이런 JCI 인증 과정을 잘 알기 때문에 보험
가입 환자의 진료를 JCI 인증 병원에 맡긴다. 메디컬 투어리즘

JCI 인증평가단 활동

으로 미국인이나 외국인 환자 진료를 원하는 병원들이 JCI 인증을 받는 이유이다.

병원장으로서 1,200여 개의 항목을 파악하기 위해 별도의 공부를 하기도 어려웠다. 싱가포르에서 JCI 프랙티컴Practicum이 열린다기에 병원의 관계 직원들과 참여하여 인증에 대비한 공부를 직접 하고 재인증 준비에 만전을 기하려 하였다.

JCI 프랙티컴에 싱가포르의 보건 관계 관료 다수가 수강생으로 참석하는 것이 놀라웠다. 싱가포르는 우리나라처럼 보건복지부 산하에 의료기관 인증평가원을 두어 독자적으로 인증기관을 운영하는 것이 아니라 병원인증 절차를 아예 국제표준인 JCI에 맡겨 버린다. 그래서 싱가포르 공무원들도 JCI 프랙티컴에 참석하여 JCI 인증 절차를 배우고 있었던 것이다.

국제적으로 환자를 유치하는 경쟁력을 가지려면 우리처럼 국내용 병원인증을 받을 것이 아니라 국제표준의 환자안전과 의료의 질을 평가하는 JCI 인증을 도입하는 것이 국가예산도 절약하고, 단기간에 국내 의료기관을 국제적 표준에 맞는 국제적 병원으로 탈바꿈시킬 수 있는 방법이다.

2018년, 세브란스병원 로비 편의시설에서 화재가 발생했다. 뉴스 속보로 이 소식을 듣고 불안한 마음도 있었지만 현직이 아닌 처지라서 달려갈 수도 없어 답답하고 걱정이 앞섰다. 그러나 평소 JCI 화재훈련이 몸에 배어 생활화된 것을 잘 알기에 믿음이 갔다. 후에 확인하니 병원 화재 경고방송 후 스프링클러 등 진화기구가 작동하고 방화문이 내려와 화재가 번져 나가는 것을 차단했다고 한다. 연기에 의한 질식사를 막기 위하여 공조기가 작동하여 연기를 배출시켰고, 이러한 일사분란한 과정을 거쳐 한 시간 만에 화재가 진화되었다.

직원들은 평소 화재대응 매뉴얼대로 발화지점 쪽 병동 환자를 신속하게 반대쪽 병동으로 이동시키는 등 침착하게 환자를 안전하게 대피시켰다. 마침 아내가 세브란스병원에 입원 중이었던 유명 정치인이 환자 대피를 몸소 체험하고 SNS에 세브란스병원의 화재 대피 과정을 칭찬하는 글을 올려 장안의 화제가 되었다.

화재는 인명피해가 전혀 없이 조기 진화되었다. 얼마 전 중소병원인 밀양병원 화재에서 많은 사망자가 나온 것과 비교되어 많은 찬사를 받기도 했다. 3년마다 JCI 재인증을 받기 위해 평소 교직원들의 화재대응 훈련이 몸에 배어 있는 덕을 톡톡히 본 것이다.

용접할 때 소화기 들고
바로 옆에서 대기하라

우리나라 대형화재는 거의 대부분 용접에서 발생한다. 5만 평의 세브란스 새 병원 건축 시에도 수차례 화재가 발생하였고, 3만 평의 연세암병원 공사현장에서도 자주 화재가 났다. 의료원장실에서 밖을 내려다보다가 총무과 직원이 뛰어가는 모습을 보면 가슴이 철렁 내려앉았다. 또 화재가 난 것이 아닌가 하고. 세브란스병원처럼 입원환자 2천 명이 24시간 재원하고 외래환자 1만 명이 내원하는 의료기관의 구내 공사현장에서 화재가 나면 공포와 염려가 엄습한다.

과거 민주화운동 시절에는 연세대학교 정문 앞 굴다리 근처가 데모의 메카였다. 연세대학과 같은 캠퍼스에 있는 세브란스병원에서는 계속되는 최루탄 연기로 인하여 입원환자들이 많은 고통을 받았고, 특히 호흡기 환자의 고통이 더욱 심하였다. 병원건물 공사 화재 시에는 최루탄 연기 대신 화재로 인한 연기가 환자와 보호자를 괴롭히고, 화재가 심해지면 대피경보까지 울려야 한다.

병원 공사가 시작되면 공사장이 들어서는 지역은 의료원의 관할지역이 아니라 건설회사가 책임지는 지역이 되어 버린다. 직접 공사에 관한 지시를 할 수가 없게 된다. 암병원 공사장에서 화재가 계속되었지만 의료원으로서 할 일은 원내방송으로 화재현황을 알리는 정도밖에 할 수가 없었다.

주간 공정회의에서 공사현장 책임자로부터 화재 예방교육과 화재 시 행동요령에 대한 브리핑을 매주 보고받았다. 그런 조처에도 불구하고 용접으로 인한 화재가 종종 발생하였다. 의료원 총무과를 비롯한 행정직원들이 워낙 빠르게 화재 진화에 참여하여 다행히 초기에 모두 진화되었지만. 화재 초기진화가 끝나면 소방차들이 화재현장에 도착하곤 하였다. 유동인구가 3만 명이나 되는 병원 내에 위치한 공사현장에서 일어나는 화재는 방송사의 9시 뉴스에서도 크게 보도하는 뉴스거리가 된다.

공사장 화재는 이런저런 조처에도 불구하고 발생하고, 특히 용접 작업 중에는 화재 예방이 불가능하다고 판단되었다. 그래서 의료원 시설과 직원에게 병원 공사현장에서 용접을 하게 되면 작업을 마칠 때까지 소화기를 들고 옆에서 지키도록 엄명을 하였다. 특히 공사 준공 시간이 가까워질수록 더욱 철저하게 소화기가 용접 현장을 떠나지 못하게 했다. 공사 초기에는 콘크리트 타설이 주요 공사이지만 공사 막바지에는 인테리어를 위한 인화성 자재가 산더미처럼 쌓이기 때문이다. 준공이 가까워 올수록 단순 화재가 큰 화재로 바뀔 수 있고 화재가 일어나면 준공시기도 자연히 늦추어질 수밖에 없는 것이다.

이렇게 소화기를 들고 대기하는 조처 이후 암병원 준공 시까지 용접 작업이 있었음에도 불구하고 화재는 단 한 건도 일어나지 않았다.

병원 내 감염관리

JCI에서 환자안전을 위한 중요 항목 중에 하나가 병원 내 감염관리이다. 종합병원, 특히 대학병원에는 중증환자가 많다. 면역력이 감소한 환자는 세균에 의한 감염이 쉽게 일어나 2차, 3차 항생제를 투여하게 된다. 세균도 살아 있는 생명체라서 투여한 항생제에 죽지 않기 위해 돌연변이를 일으켜 항생제에 대한 내성균이 출현한다. 내성균은 현존하는 항생제를 사용하여도 사멸되지 않고 살아남기 때문에 치료가 어렵고, 잘못하면 내성균에 의한 패혈증으로 사망에 이르기까지 한다.

그래서 항생제 남용은 막아야 하지만, 중환자에게는 항생제를 선별해서 사용할 수밖에 없으며, 그러다 보면 내성균의 발생을 막을 수 없다. 내성균 발생을 없앨 수 없다면 최소한 그 내성균이 다른 환자로 옮겨 가는 것은 막아야 한다. 내성균을 다른 환자에게 옮기는 매개체가 바로 의료진의 손이다. 그래서 의사, 간호사 등 의료진이 환자진료 시에 손을 씻고 다음 환자를 진료하는 것이 병원 감염을 차단하는 데 제일 중요하다.

안타깝게도 의료계의 많은 종사자들이 손 위생 규정을 준수하고 있지 않았다. 2012년 네덜란드 에라스무스대학에 재학 중인 의대생 비키 에라스무스가 발표한 연구에 따르면, 총 24개 네덜란드 병원을 대상으로 '손 위생 규정을 평소에도 철저하게 지키는가?'를 조사한 결과 전체의 겨우 20%만이 '그렇다'고 응답했다. 라우바우드대학의 아니타 후이스라는 의대생도 2013년 같은 주제에 관한 연구를 발표한 바 있다. 그녀는 네덜란드 병원 세 군데를 선정해 총 67개 병동을 대상으로 조사했고, 그 결과 전체 직원들 가운데 약 20%만이 손 위생 규정을 지키고 있다는 사실을 발표했다.

이런 상황은 끔찍한 결과를 가져온다. 네덜란드에서만 1년에 약 10만 명의 환자들이 병원 내에서 질병에 감염된다. 그중 대다수가 손으로 옮겨진 세균에 의해 비롯된 것이다. 단지 손을 안 씻어서 매년 많은 환자들이 불필요하게 사망하는 것이다. 이는 매년 교통사고로 사망하는 사람들의 수보다 많다.

병원 내에서 손 위생 규정만 잘 지켜도 우리는 감염을 피하고 불필요한 고통을 예방할 수 있다. 게다가 손씻기는 아주 간단하면서도 모두가 인정하는 중요한 규칙이다. 그런데도 이 단순한 규칙이 제대로 지켜지지 않는 이유는, 변화를 시도하는 과정에 있어서 온갖 장애물이 방해를 하기 때문이다.

병원 내에서조차 손씻기가 정착되기 어려운데 하물며 일반인들이야 오죽하겠는가? 언젠가 영국의 선술집 땅콩 그릇에서 14종의 소변성분이 검출되었다는 충격적인 보도가 있었다. 이유는 간단명료하다. 화장실에서 소변을 본 후 손을 씻지 않고 나온 손님들이 땅콩을 집어 먹으려고 그릇에 손을 집어넣었던 것이다.

손을 씻지 않고 화장실에서 나온 사람과 악수를 나누었을 때 두 시간 후 그 사람 대변에 있던 균들이 상대방의 입안에서 검출될 확률은 3명 중 1명꼴이다. 악수한 후 두 시간 사이에 여러 번 입에 손을 대기 때문이다. 악수를 하자며 내민 손을 거절하기란 쉽지 않다. 거절당한 상대에게 심한 모욕감을 줄 수도 있다. 그렇다고 악수하자마자 화장실로 달려갈 수도 없는 노릇이다. COVID-19 유행 이후 생긴 두 주먹으로 악수를 대신하는 문화가 완전히 정착되었으면 좋겠다. 그리고 되도록 손으로 입 주변을 만지는 습관을 없애야 한다.

'손씻기'에도 무려 170년에 걸친 투쟁의 역사가 있다.

1846년, 헝가리 의사 이그나즈 제멜바이스Ignaz Semmelweis는 오스트리아 빈에 위치한 종합병원에서 일하기 시작했다. 이 병원에는 산부인과 병동이 제1병동과 제2병동으로 나뉘어 있었는데, 제멜바이스는 그중 제1병동에서 근무했다.

얼마 지나지 않아 그는 자신이 일하는 제1병동에 입원한 젊은 산모들이 10명 중 1명꼴로 산욕열에 감염되어 사망한다는 사실을 알아챘다. 이 수치는 몇 달 사이에 무려 30%까지 증가했다. 반면 제2병동의 사망률은 그보다 훨씬 낮은 4%에 그쳤다. 제멜바이스는 이 문제를 체계적으로 연구하기로 결심하고, 다양한 방법으로 통계를 추적했다.

그러던 어느 날 제멜바이스는 두 병동의 결정적인 차이점을 발견했다. 당시 산부인과 병동에는 보조인력으로 영안실에서 시체해부 실습을 마친 의대생들이 투입되었는데, 이들은 제1병동에서만 일하고 제2병동에서는 일을 하지 않았다. 게다가 이들은 시체를 해부할 때 아무도 장갑이나 보호장비를 착용하지 않았다. 이 모습을 관찰한 제멜바이스는 발병 원인이 해부실에 있던 의대생들이 '사체에서 나온 입자'를 산모들에게 옮겼을 가능성을 떠올렸고, 이 가설을 입증해 줄 실험을 시작했다.

제멜바이스는 제1병동을 방문하는 모든 직원에게 반드시 염

화나트륨 용액으로 손을 씻도록 지시했다. 결과는 놀라웠다. 몇 주 안에 사망률은 약 18%에서 약 2%로 떨어졌다. 몇 달 뒤에는 무려 0.2%로까지 감소했다.

자신의 가설이 증명되자 그는 동료 의사들에게 산욕열이 해부용 시신 접촉에 따른 감염과 연관이 있다는 사실을 알리며, 손씻기의 중요성을 강조했다. 그러나 그의 주장은 받아들여지지 않았다. 심지어 동료들은 병원의 위생상태가 감염 확산에 기여한다는 그의 생각을 비웃기까지 했다.

그로부터 15년 후, 프랑스의 화학자이자 생물학자인 루이 파스퇴르Louis Pasteur가 질병의 대부분은 육안으로 보이지 않는 세균에 의해 유발된다고 발표했다. 그 사실이 밝혀지자 의사들은 손씻기가 감염을 예방하는 가장 중요한 방법이라는 것을 인정하기 시작했고, 그에 따른 가이드라인이 생겨났다.

우리나라의 손씻기 역사를 보면, 일찍이 1885년까지 거슬러 올라간다. 당시 조선에 호열자가 대유행할 때 서양 의료선교사들이 작성한 호열자 예방 포스터를 보면 "모르는 사이 병균과 접촉하니 손과 입을 철저히 씻어라."라는 내용이 나온다. 감염 관리의 기본 중의 기본인 손씻기는 아무리 세월이 흘러도 절대 변하지 않는 진리이다.

연세대 세브란스병원, 손씻기 '하이 파이브' 캠페인

이철(가운데) 원장은 "손만 잘 씻으면 많은 질병을 사전에 차단할 수 있다"며 '하이 파이브'를 외쳤다. '하이 파이브'는 꼭 손을 씻어야 하는 다섯 가지 상황을 뜻하며, 깨끗한 다섯 손가락을 만들자는 운동이다. ☞ 동영상 chosun.com

이태경 기자 ecarol@chosun.com

"손만 잘 씻어도 병원감염 위험 절반 줄어"

연세대 세브란스병원엔 5명의 '암행어사'가 있다. 감염관리 파트 직원 5명이 병원을 돌아다니며 의사나 간호사·의료기사·물리치료사 등이 제대로 손을 씻고 있는지 감시를 한다. '암행어사'는 손 안 씻는 의료진이 중환자실에서 근무하지 못하도록 '퇴출'시킬 수 있는 권한까지 부여받았다.

이 병원은 요즘 손 씻기 전쟁터가 됐다. 진료실·병실·검사실·물리치료실·영상의학과 등 병원 어디에서건 의료진은 환자 몸에 손을 대기 전과 후에 반드시 손을 씻어야 한다. 환자 침대나 물건을 만져도 손 씻기를 해야 한다.

이 원칙을 어기면 경고를 받는다. 벽보가 희끗한 노(老)교수라고 예외가 아니다. 회진 돌면서 중간에 손 씻기를 깜박해 책망되면 엄마폰이 휴대폰으로 경고 메시지가 날아 온다. 중환자실 간호사들은 평균 5분마다 손을 씻고 있다.

의료진을 손 씻기 '강박증 환자'로 만든 사람은 감염 없는 병원을 선언한 이철(60) 병원장이다. 그는 지난해 11일 '하이 파이브'(Hi! Five) 프로젝트를 발족시켰다. 철저한 손 씻기로 '깨끗한 다섯 손가락'을 만들자는 캠페인이다.

중환자실은 손을 씻지 않으면 들어갈 수 없도록 개조했다. 입구에 있는 알코올을 세수대(洗手臺)에 손을 갖다 대야 센서가 인식해 문이 열리기 때문

이다.

병상에는 샴푸처럼 꼭지를 누르면 알코올 젤리가 나오는 손 세척제가 환자 머리 양쪽과 발 쪽에 3개나 놓여 있다. 의료진이 환자의 호흡기를 만진 손으로 팔·다리 등 다른 부위를 만질 때 다시 알코올로 손을 닦도록 하기 위해서다. 의료진의 손길을 통해 호흡기 세균과 피부 균이 서로 옮겨가는 것을 막

―――――

환자 몸에 손대기 전후나
침대나 물건을 만진 후 씻어
중환자실 간호사는 5분마다
"손등 부르트도록 씻어요"

―――――

기 위한 조치다. 이런 규칙 때문에 간호사들은 하루 8시간 근무 중 80~100번쯤 손을 씻어야 한다.

◆급감한 세균 검출

'하이 파이브'로 인해 비누와 알코올 세척제 소모량이 급속하게 늘었다. 중환자실의 경우 500cc 알코올을 소독용 월 평균 사용 개수가 예전의 141개에서 269개로 2배 증가했다. 병원 전체 물비누 소비는 4배나 늘었고, 병상(病床)당 알코올을 소독제 사용량은 하루 45cc에서 85cc로 뛰었다. 알코올을 자극으로 간호사들의 손등이 부르트자 병원

일상생활에서 꼭 손을 씻어야 하는 경우

- 육류·해산물, 씻지 않은 과일·야채를 만졌을 때
- 정수하지 않은 물, 먼지·흙·곤충을 만졌을 때
- 행주를 썼거나 주방·화장실을 청소했을 때
- 화장실 변기 손잡이의 수도꼭지를 만졌을 때
- 오래 된 책과 돈을 만졌을 때
- 컴퓨터 키보드·마우스 등을 만졌을 때
- 자주 사용하는 전화나 장난감을 만졌을 때
- 애완동물을 만졌을 때
- 기침·재채기·코풀기를 했을 때
- 음식물을 먹거나 조리하기 전

자료=연세의료원

핸드 로션까지 지급하면서 손 씻기 독려를 계속하고 있다.

손 씻기는 '기적' 같은 변화를 불러 왔다. 병원 감염 위험지표인 항생제 내성 장내세균(VRE) 검출 건수가 지난해 한달 평균 900여건에서 요즘은 400건으로 뚝 떨어졌다. 이 세균은 환자의 분변(糞便) 등을 통해 나오며 의료진 손을 통해 다른 사람에게 전파될 수 있다.

이 원장은 "원장이 쩨쩨하게 손 씻기나 시킨다고 하는 이들도 있었지만 손 씻기와 같은 간단한 실천이 병원 감염 위험을 절반으로 줄이는 결과를 낳았다"고 말했다.

국내의 400병상 이상 의료기관에서 한해 동안 발생하는 병원 감염은 2285건에 달한다(2007년 하반기~2008년 상반기 질병관리본부 조사). 이 원장은 "의료진이 조금만 수고하면 병원 감염

을 확 줄일 수 있다"며 "궁극적으로 격리가 필요한 중증 세균 감염환자도 줄어서 감염 관리비용도 절감할 수 있다"고 말했다.

"다른 병원 사람들이 와서 비결이 뭐냐고 물으면 손 씻기라고 답해요. 그러면 다들 '에계!'라며 시큰둥해요. 뭔가 비법을 숨기는 줄 알아요. 하지만 병원에서건 일상생활에서건 철저한 손 씻기가 감염을 막는 최고 비결이에요."

의학계에서는 손 씻기만 잘해도 감기, 유행성 눈병, 이질·장티푸스 등 물로 옮기는 수인성(水因性) 전염병 대부분을 예방할 수 있는 것으로 본다. 이 원장은 "각종 식중독 사고와 감염성 질환을 예방하려고 오염물질에서 멀어지는 비결은 손 씻기의 생활화"라며 온 국민이 '하이 파이브' 하자고 말했다.

김철중 의학전문기자 doctor@chosun.com

손씻기에 관한 2009년 기사(조선일보 2009. 4. 8.)

알면서도 행동으로 옮기지 않는 것은 개인적인 삶에서도 다양한 양상으로 나타난다. 우리는 체중을 줄이겠다고 마음먹지만 늘 야식의 유혹에서 벗어나지 못하고, 퇴근 후 자녀와 함께 시간을 보내야겠다고 결심하지만 막상 집에 오면 스마트폰을 손에서 놓지 못한다. 변화는 이처럼 쉽지 않다.

의사 이그나즈 제멜바이스가 주장한 손씻기, 170년이 더 지난 오늘날은 어떠한가? 모든 의사와 간호사는 환자와 접촉하기 전에 반드시 손을 씻는다. 손씻기는 이제 일반인에게도 상식이 되었다. 이러한 변화는 COVID-19 전염병이 가져온 문화적 그리고 보건위생학적으로 무척 큰 변화이며, 거의 혁명적인 변화의 수준으로까지 느껴진다.

병원 손씻기의 원조,
세브란스

미국 브라운대학 부속 위민&인펀츠 병원Women & Infants Hospital에
서 전임의로 일할 때의 일이다. 병원에서는 전체 직원이 참석하
는 정례 집담회가 매달 열렸다. 그달 집담회의 주제는 병원 내
감염이었다.

　집담회 담당교수는 집담회가 시작되자마자 마치 연극배우처
럼 머리부터 발끝까지 중무장을 하고는 홀연히 나타났다. 머리
에는 수술모자를, 입에는 마스크를 쓰고 전신을 감싸는 가운과
발에는 발싸개, 손에는 손장갑까지 끼고 강의를 시작했다. 그
러고는 "과거 신생아실을 출입할 때는 이렇게 많은 것을 입었지
만, 지금은 이 손 하나만 잘 닦으면 병원 감염을 예방할 수 있습

니다."라고 말하더니 몸에 걸쳤던 것들을 하나하나 벗어던지고 손을 번쩍 들고 손씻기를 강조하는 것이었다.

그 강의는 나에게 손 위생에 대한 중요성을 온몸으로 느끼게 해주었다. 귀국 후 나는 세브란스병원에서 '손씻기' 전도사가 되기로 결심하였다.

손씻기가 아무리 중요해도 손을 씻을 여건을 마련해 주지 않으면 소용이 없다. 손을 씻으려면 상수도와 하수도가 있어야 하지만 상하수도 배관은 위아래 층에 연결되어 있기 때문에 해당 층만이 아닌 건물 전체의 배관공사가 필요하다. 그래서 구 병원 건물에서는 새로이 세면기 설치가 어려워 세면대를 이용한 손씻기보다 효과가 떨어지는 손 세정제를 비치한 것이다.

세면대는 건물을 지을 때부터 설계에 들어가야 한다. 세브란스 새 병원 공정회의에서 모든 병실마다 손씻기용 세면기 설치를 주장하였다. 그러나 병실에 세면기를 설치하려니 간호부서에서 반대를 하였다. 예를 들면 환자이동용 침대가 들어갈 공간이 협소해서 세면대는 설치하지 말아 달라거나, 병실 화장실에도 세면대가 있으니 그것을 이용하면 된다는 등등의 주장이었다. 그러나 회진 시에 어느 의사나 간호사가 병실 화장실에 들어가 세면대를 이용하겠는가? 손씻기 정착을 위하여 세면대 설치를 밀어붙였다. 이렇게 공정회의에서 수차례 세면대 설치가 보류되고 회복되는 수난을 거친 끝에 세브란스 새 병원에는 의료진이 손쉽게 손을 씻을 수 있는 세면대가 모든 병실마다 설치되었다.

이렇게 손을 씻기 쉬운 환경을 준비한 후에 세브란스병원은 대대적인 손씻기 운동 '하이파이브High-Five'를 시작했다. 병실의 컴퓨터 첫 시작 화면에 손씻기 포스터를 사용하였고, 병원 곳곳에 손씻기 포스터를 부착하였다. 손씻기 우수 교직원과 우수 병동을 표창하기도 했다. 그리고 병원장 스스로가 병실 책임 간호사 50여 명을 모아 놓고 미국 브라운대학 부속 위민&인펀츠 병원에서 보았던, 전신 갑옷 감염차단 장비를 벗어 버리고 손씻기를 강조하는 연극을 그대로 수행하면서 간호사들의 동참을 호소하였다.

의료진의 습관은 하루아침에 바뀌지 않는다. 손씻기 운동은 서서히 수년에 걸쳐 정착되어 갔다. '하이파이브' 운동 덕분에 병원에서 내성균 발생이 절반까지 감소했다. 대신 손 세정 비누 구입액이 두 배 이상 증가하였지만, 환자안전을 위해서는 두 배가 아니라 세 배의 비용을 감수하고라도 손씻기가 일상생활화되도록 노력해야 한다.

2010년 신종플루 예방 공로로 손씻기를 모범적으로 실시한 세브란스병원을 대표하여 병원장으로서 대통령 표창을 받았다. 세브란스병원은 메르스 감염 사태로 국가적 비상이 걸렸을 때도 손씻기 덕분에 메르스 청정 병원으로 남을 수 있었다.

JCI 프랙티컴 참가를 위하여 싱가포르를 방문했을 때 JCI 인증 병원인 싱가포르종합병원Singapore General Hospital 외벽 전체에 걸려 있던 30미터나 되는 초대형 포스터의 문구가 기억난다. "CLEAN HANDS SAVE LIVES(깨끗한 손이 생명을 살립니다)." 정말 그렇다. 손씻기는 의료진 자신의 생명을 지키고 환자를 살리는 확실한 건강 지킴이이다.

손씻기 강의

오래전부터 지인들에게 "하루 여섯 번 이상 손을 씻으세요. 여섯 번이 많은 것 같지만 식사 전과 화장실 이용할 때마다 손을 씻으면 여섯 번은 아주 쉬운 일입니다. 나를 믿고 한번 실천해 보시면 틀림없이 이번 겨울에 감기에 걸리지 않으실 겁니다."라고 권유하였다. 그 후 많은 분들로부터 이번 겨울에는 감기 걸리지 않고 잘 지냈다는 인사를 자주 들었다.

지금은 코로나 바이러스 감염을 막기 위해서 전 국민이 손씻기에 참여하고 있다. 덕분에 개원가에서는 감기 환자를 진료하기가 어렵게 되었다.

손씻기는 의료진뿐만 아니라 일반 식당처럼 음식을 만드는 곳에서도 필수적인 감염 안전 수칙이다. 2001년 우리 병원 교직원 70여 명이 이질에 감염되어 입원하는 사건이 일어난 적이 있다. 외부 회사에서 납품받은 김밥이 이질의 감염원이었다. 이질균 보균자는 대변을 통하여 병원균을 퍼트린다. 이질균 보균자인 김밥 조리원이 화장실에 다녀온 후 손을 씻지 않고 김밥을 말았던 것이다.

증상이 없더라도 김밥을 먹은 직원 전부를 대상으로 이질균 보균 여부를 검사했다. 증상이 전혀 없는 신생아실에서 근무하는 간호사 2명에게서도 이질균이 검출되었다. 즉 증상은 없으면서 균을 가지고 있는 보균자였던 것이다. 다행히 신생아실에서는 이질 감염이 일어나지 않았다. 평소 신생아실 간호사들의 철저한 '손씻기' 덕분이었다.

수년 전 캐나다 밴쿠버의 매제 집을 방문했을 때의 일이다. 매제가 배탈이 나서 검사를 하니 식중독 중에서 가장 흔한 살모넬라증이었다. 그런데 난데없이 보건소로부터 대학 식당에서 아르바이트를 하던 조카에게 취업금지 명령이 날아왔다. 아버지의 검사결과가 진료를 담당한 의원에서 보건소로 공유되었던 것이다.

캐나다 보건당국은 아버지가 살모넬라에서 회복할 때까지 같은 집에서 생활하는 딸이 음식점에서 서브를 못 하게 하였다. 아버지의 검사가 음성으로 나온 후 보건소로부터 조카에게 식당 재취업 허가가 내려졌다. 캐나다의 전염병 관리가 얼마나 철저한가를 알게 된 좋은 경험이었다.

"Are you the office sprinkler?"

———

역사적으로 볼 때 인류와 세균, 바이러스와의 전쟁은 끊임없이 계속되어 왔다. 코로나 바이러스가 종식되더라도 또 다른 바이러스가 유행되리라고 예상된다. 정부의 역할도 중요하지만 더 중요한 것이 개인의 위생이다. 내 건강은 내가 지켜야지 국가가 개개인 건강을 책임질 수 없다.

감염병을 일으키는 주 원인은 세균, 즉 박테리아와 바이러스이다. 세균은 고온에서 대개 죽지만 바이러스는 대부분 끓여도 죽지 않는다. 바이러스를 죽이려면 100% 알코올이 효과가 있지만 손 소독을 하기 위해 100% 알코올에 손을 자주 씻는 것은 불가능하다. 그래서 흐르는 물을 이용해서 비누 거품과 함께 바이러스를 흘려보내는 것이 최상책이다. 그리고 가장 경제적이다. 가능하면 손 세정제보다는 흐르는 물에 비누를 사용하여 바이러스도, 그리고 세균도 흘려보내는 손씻기를 강조하는 것이 이런 이유에서다.

감염병이 전파하는 경로는 다양하다. 침방울, 대변, 혈액 등 인체에서 나오는 액체들이 모두 감염을 일으킨다. 침방울로 전염되는 대표적인 바이러스가 코로나 바이러스이다. 호흡기에 감염을 일으키는 신종플루, 메르스, 조류독감 바이러스가 모두 침방울로 전염된다.

캐나다를 방문했을 때 네 살 정도 된 조카손녀가 재채기를 하는데 팔꿈치로 입을 막고 재채기하는 것을 보고 어디서 배웠냐고 물으니 어린이집에서 기침 에티켓을 가르친다 한다. 당시에 우리나라는 '기침 에티켓'이란 개념은 물론 '기침 에티켓'이란 단어조차 못 들어 보던 시절이었다.

우리나라 유치원은 영어 교육 같은 것이 우선이고 이런 위생교육은 우선순위가 하위에 있는 것 같다. 캐나다는 물론 영국의 유치원 학생을 위한 감염교육 홍보 동영상을 보면 기침 예절과 손씻기에 대한 내용이 잘 설명되어 있다.

미국 병원의 원내 포스터 중에는 기침 예절 포스터가 곳곳에 있다. 그중에 가장 인상적인 내용이 재채기를 할 때 침방울이 최대 6미터 앞으로 튀어나가는 그림과 그 밑에 적혀 있는 "Are you the office sprinkler?"란 문구이다. 화재 시에 스프링클러가 물을 전 사무실에 뿌리듯이 당신이 사무실에 물 대신 침방울을 뿌리는 스프링클러가 되지 말고 기침 에티켓을 지키라는 내용이다.

코로나 바이러스 감염 차단에 마스크가 일등공신인 것도 이런 이유에서다. 코로나 바이러스가 종식되고 마스크를 벗더라도 재채기나 기침할 때 팔꿈치로 침방울을 막는 '기침 에티켓'이 사회적 운동이 되었으면 좋겠다. 만일 뷔페식당 음식 앞에서 재채기를 한다면 그 침방울이 주변 6미터 내에 있는 모든 음식들을 오염시킨다.

코로나 바이러스로 인하여 기침 에티켓과 손씻기가 생활화된 것이 보건위생 면에서 얼마나 다행한 일인가. 그래서 요사이는 일반 감기 환자, 그리고 여름에 유행하던 아폴로 눈병 환자가 거의 자취를 감춘 것이다.

세브란스병원의 손씻기 포스터

바이러스와의 전쟁

인류의 역사는 세균과의 전쟁이었다. 1300년대 중앙아시아의 건조한 평원에서 시작한 페스트는 실크로드를 통해 1340년 유럽으로 확산되었다. 유럽 인구의 30~40%를 몰살시키면서 중세 유럽을 초토화시켰다. 유럽에서는 페스트가 창궐하여 도시 전체가 소멸되는 경우도 많이 있었다.

역사적으로 우리나라 전염병은 중국과 많은 연관이 있다. 구한말 조선 땅에 호열자(콜레라)가 창궐한다. 1916년부터 1934년까지 세브란스의학교와 연희전문학교 교장으로 재직한 의료선교사 에비슨의 보고에 의하면, 만주에서 시작된 콜레라는 의주와 평양을 거쳐 한성에도 발생하기 시작하였다. 1895년 당시 조선의 수도 한성의 인구가 22만 명이었는데 콜레라로 5천 명이 사망한다.

현대인들에게는 상식이 되어 버린 세균에 대한 지식을 그 옛날 조선의 대중들은 전혀 들어 본 적도 배운 적도 없었기에 콜레라가 쥐 귀신이 옮기는 것이라고 믿었다. 세균에 대한 지식이 없었던 민초들은 무서운 콜레라 귀신을 잡아먹으라고 집집마다 대문에 고양이 그림의 부적을 붙이고 있었다.

콜레라 창궐에 놀란 조선 정부는 에비슨 선교사를 방역국장으로 임명하여 방역대책위원회를 구성하였다. 우선 방역 포스터가 제작되었다. 포스터의 주요 골자는 이러했다. 1)콜레라는 귀신에 의한 것이 아니라 세균이라 불리는 아주 작은 벌레에 의한 것이다. 2)이 작은 벌레가 위 속에 들어가면 급속히 번식하여 질병이 유발된다. 3)당신이 해야 할 일은 음식물을 완전히 익히고 오염되기 전에 섭취하는 것이다. 4)막 끓여 낸 숭늉을 마시고 마실 물은 끓여서 깨끗한 병에 보관한다. 5)모르는 사이 병균과 접촉하니 손과 입을 철저히 씻어라. 시내 곳곳에 이 포스터가 게시되었다.

이러한 방역 업무는 조선에 와 있던 감리교, 침례교, 장로교 선교사들과 고용된 조선인들이 수행하였다. 환자가 폭발적으로 증가함에 따라 조선 정부는 환자를 격리 수용하기로 결정하였다. 환자 치료에는 의료선교사들이 앞장서고, 환자 간호에는 조선 기독교인들이 사랑으로 참여하였다.

현대의학적 개념이 도입된 치료의 결과 환자의 65%가 완쾌되는 전에 없던 일이 일어난다. 이와 같은 높은 치료율은 다음 세 가지 원인에 기인했다. 1)대량의 생리식염수를 조기에 주사, 2)환자를 따듯한 방에 보호하여 저체온을 방지, 3)기독교인의 헌신적이고 지칠 줄 모르는 간호 때문이었다. 사망자 수가 하루 최고 300명 이상으로 진행되다가 점차 감소하면서 콜레라는 6주 이상 지속되지 않았다.

이러한 기독교 교파를 초월한 해외 의료선교사들의 협동적인 노력은 기독교 의료사업의 시초이며, 수년 후 세브란스병원과 세브란스의학교가 초교파적으로 합동하여 설립되는 기초가 되었다.

과거 인간의 역사는 세균과의 전쟁이었지만 현대는 바이러스와의 전쟁이다. 125년 전에는 세균에 의한 호열자(콜레라)로, 현재는 바이러스인 코로나19에 의한 호흡기 질환으로 우리는 고통받고 있다. 신종플루, 조류독감, 메르스에 이어 지금은 코로나19와의 전쟁이지만, 미래에도 미지의 바이러스와 인류의 전쟁은 계속될 것이다.

125년 전 콜레라와 2020년 코로나19의 예방의 공통점은 손 씻기와 같은 개인위생이다. 전염병 예방은 정부의 역할도 크지만 개인위생이 더 중요하다. 자기 몸은 자기 스스로가 지켜야 한다. 개인이 할 수 있는 예방법에서 조선시대와 지금의 차이는, 과거에는 집집마다 고양이 부적을 붙였지만 현대는 개인의 필수 준비물인 마스크와 손씻기가 있다는 것이다.

조선시대 콜레라 치료는 외국 의료선교사와 조선 기독교인들의 희생과 헌신이 바탕이 되었지만 지금은 세계 최고 수준을 자랑하는 우리나라 의료진의 헌신과 사랑이 온 국민에게 코로나 공포로부터 안심과 신뢰를 주고 있다. 그러나 현재는 과거 서양 선교사들에게 콜레라 퇴치를 맡긴 조선시대와 달리, 코로나 바이러스를 전염시킬 다양한 실내활동이 있음에도 불구하고 교회를 코로나 감염의 주요한 원인으로 호도하는 정반대의 일이 일어나고 있다.

세균은 항생제를 사용하면 사멸한다. 워낙 탁월한 항생제들이 많이 개발되어 페스트, 이질, 콜레라 같은 세균들은 현재 인류를 사망으로까지 이르게 하는 일은 드물다. 그러나 바이러스는 항생제를 사용하여도 사멸하지 않는다. 바이러스가 일으키는 신종플루, 조류독감, 메르스와 COVID-19가 인류를 죽음의 공포로 몰아넣고 있다. 현재 사용되는 바이러스 치료제는 바이러스를 사멸시키지 못하고 증식을 억제할 뿐이다.

바이러스에 의한 감염병을 퇴치하는 가장 좋은 방법은 예방접종이다. 예방접종에는 능동면역 예방접종과 수동면역 예방접종이 있다. 능동면역이란 독성을 약화시키거나 사멸한 바이러스의 일부를 인체에 주사하여 인체에서 스스로 바이러스에 대한 항체가 생기도록 하는 방법이다. 현재 대부분의 예방접종, 즉 홍역, 볼거리, 풍진, 일본뇌염, 독감 같은 예방접종이 모두 능동면역이다.

수동면역이란 바이러스 질환을 앓고 나서 회복한 환자의 혈액 내에 있는 항체를 추출하여 그 항체를 직접 환자에게 투여하는 것을 말한다. 건강인에게 투여하는 능동 예방접종과는 달리 환자에게 치료를 목적으로 투여하는 예방접종, 즉 치료용 예방접종을 수동면역이라고 한다.

2009년 한창 신종플루가 유행하던 때 세브란스병원과 제약회사 셀트리온은 수동면역, 즉 신종플루 항체 치료제를 개발하는 협약을 체결하였다. 세브란스병원에서는 신종플루에서 회복된 환자의 혈액을 제공하고 셀트리온은 이 혈액에서 항체를 추출하는 공동연구였다.

후보 항체물질 중에서 효과가 큰 항체 선정에 일본과 미국의

신종플루 치료제 개발 기자간담회

연구기관까지 참여하여 연구가 막바지까지 진행되었지만 신종
플루가 소멸되어 제품화까지 가지는 못하였다. 현재 코로나 바
이러스 퇴치를 위하여 국내외 많은 제약회사와 연구소들이 노
력하고 있고, 국내 제약사들도 일찍부터 바이러스 치료 연구기
반을 갖추어 왔기 때문에 국내에서 획기적인 코로나 바이러스
백신이나 치료제 개발이 이루어지기를 기대해 본다.

09

나눔의 경영

선한 사마리아인
SOS 프로젝트

예수님의 이야기 가운데 선한 사마리아 사람의 비유가 있다. '내이웃이 누구냐'는 질문에 대해 예수님께서 비유로 답하신 이야기이다.

어떤 사람이 길을 가다가 강도를 만났다. 강도는 그 사람의 모든 것을 강탈하고, 반은 죽은 채로 길가에 팽개쳤다. 그 곁을 당시 사회지도층이었던 제사장과 레위인이 지나갔지만, 강도 만난 자를 외면하였다. 그러나 천대받았던 사마리아 사람은 강도를 만난 사람을 응급으로 돌보아 주었을 뿐만 아니라, 자기 짐승에 태워 주막까지 데려가 주인에게 자신이 돌아올 때까지 돌볼 것을 부탁하면서 이후 비용까지 갚겠다고 약속했다. 예수님께서는 "네 생각에는 이 세 사람 중에 누가 강도 만난 자의 이웃이 되겠느냐?" 질문한다. "자비를 베푼 자입니다."라는 대답이 나오자 예수님은 "가서 너도 이와 같이 하라."라고 명령하신다.

세브란스병원의 응급실에는 독거환자, 노숙환자, 행려환자 같은 가정과 사회로부터 버림받은 긴급한 환자들이 적지 않다. 그들 가운데는 스스로 치료비를 감당할 만한 능력이 없어 치료나 수술, 입원이나 약제처방 등의 치료가 어려운 환자들도 있다. 그들은 치료의 사각지대에 있는 환자들이다. 그러나 그들의 생명과 삶 역시 하나님의 형상으로 지어진 존귀한 것이기 때문에 그들에 대해서 치료비를 후원하며, 위로하고 기도하는 것은 선한 사마리아 사람이 강도를 만난 사람의 이웃이 되어 준 것과 동일하다고 여겨진다.

2014년, 연세의료원의 한인철 원목은 병원의 한 사회사업사의 제안에 힘입어 선한 사마리아 사람의 철학을 실행하려는 마음으로 '선한 사마리아인 SOS 프로젝트'를 시작했다. 이는 강도를 만난 사람처럼 무방비 상태에서 아무런 연고 없이 그저 긴급한 도움만을 기다리는 응급환자들에 대해서 수수방관하는 것이 아니라 즉각적인 치료 과정으로 이끌기 위한 사랑과 관심, 열정의 결과였다.

2014년에 선한 사마리아인 프로젝트를 시작할 때는 경동교회, 정동교회, 만나교회, 베이직교회, 조이어스교회, 강남세브란스병원을 후원하는 청운교회 등 11개의 교회와 독지가가 1억 2천만 원을 후원하여 200여 명의 중증환자들에게 도움을 주었다. 종교교회 최이우 목사는 5천만 원을 후원하면서 한 교회가 큰돈을 내기보다는 한 달에 100만 원씩 지원할 수 있는 교회 여러 곳을 모으면 어떻겠냐는 아이디어를 냈다. 2019년 기준 '선한 사마리아인 SOS 프로젝트' 누적 후원자 수는 개인과 교회를 포함하여 34개에 이르고 있다.

'선한 사마리아인 SOS 프로젝트'는 기독교 기관인 세브란스병원이 어려운 환자들을 돕는 기금이다. 이 기금은 생명을 지키는 최후의 보루이지만 세브란스병원의 힘만으로 할 수 없는 일이기에 모두의 협력을 필요로 한다. 세브란스병원은 교회들과 협력하여 '선한 사마리아인 SOS 프로젝트'의 치료비 지원을 통해 환자들의 생명을 살리는 한편, 사회와 가족으로부터 버림받았다고 느끼는 환자들에게 영적 돌봄을 제공함으로써 하나님의 사랑을 전하며 위로하는 역할을 감당하고 있다.

우리나라 개신교단의 여러 교회가 '선한 사마리아인 SOS 프로젝트'를 위하여 연합하고 있다. 에비슨 선교사가 미국 여러 교단에서 파송된 의료선교사들이 함께 진료할 수 있는, 즉 '의료사

선한 사마리아인 SOS 프로젝트 협약식

업 협동론'을 이루기 위한 대규모 병원이 조선에 필요하다고 주
장하였을 때, 미국과 달리 조선에서는 개신교 교단들의 연합사
역을 원했던 루이스 세브란스의 마음에 감동을 주어 세브란스
병원이 시작되었다. '선한 사마리아인 SOS 프로젝트'를 통하여
에비슨 선교사와 세브란스의 염원인 연합사역이 지금도 세브란
스병원을 통하여 이루어지고 있는 것이다.

선교사들의 건강 지킴이

에티오피아의 아디스아바바에 명성교회에서 세운 명성병원과 명성의과대학이 있다. 과거에는 미국이 세계 각국으로 가장 많은 의료선교사를 파송한 나라였지만 현재는 해외 의료선교사를 지원하는 의사가 점차 감소하여 미국 의료선교사들이 세운 병원들의 운영이 어려워지고 있다. 명성병원은 세브란스병원 출신 김철수 원장 외에도 연세의대 동문인 김형철 동문과 백승현 동문 등이 사역하고 있다. 그러나 이제는 우리나라도 미국처럼 의료선교사 지원자가 점점 감소하여 명성병원도 그 운영이 점차 어려워지고 있다.

명성교회로부터 명성병원 운영을 세브란스병원이 맡아 달라는 요청이 있었다. 연세의료원 의료선교센터에서 검토한 결과 명성병원보다는 명성의과대학을 지원하기로 결정하였다. 에비슨 선교사의 의료선교 철학인, 물고기를 주는 것이 아니라 물고기 잡는 법을 가르쳐 주기로 한 것이다. 연세의료원은 명성의과대학의 교수를 세브란스병원으로 초청하여 연수를 시키는 것은 물론, 연세의료원 교수들이 에티오피아를 직접 방문하여 명성의과대학 학생 교육에도 참여하고 있다.

연세대학교 의과대학, 간호대학, 치과대학 출신이거나 세브란스병원 출신인 의료선교사들 55명이 세계 23개국에서 의료선교에 헌신하고 있다. 우리나라는 세계에 기독교 선교사 2만여 명을 파송하는 세계 최대의 선교대국이다. 그런데 선교사들이 선교사역을 중단하는 큰 원인 중의 하나가 바로 건강 문제다.

선교지에서 건강에 이상이 생겨 서울로 와서 세브란스병원을 이용하려는데, 외래 예약 대기가 너무 길다. 외래진료 예약에 몇 주가 걸리는 경우도 있는데 선교사는 진료를 마치고 빨리 선교지로 돌아가야 하기 때문에 마음이 급하다. 입원이 되어 수술이라도 하게 되면 그간 건강보험료 체납으로 인해 건강보험 혜택도 불가능하다.

세브란스병원에서는 선교사들의 건강보험 자격 회복까지 도와주어야 하고, 진료비가 고액일 경우 진료비 감면까지 부탁받는다. 이런 어려운 사정이 많게는 일주일에 몇 건씩 발생하기 때문에 그때그때 임기응변으로 후원하는 것보다 제도적으로 해외선교사 건강관리에 대한 지원이 필요하겠다고 생각하였다.

2002년, 해외선교사들의 의료지원을 위하여 연세의료원과 선교사를 해외에 파송하는 교회들 간에 진료협약을 맺었다. 세브란스는 외래진료 예약부터 시작하여 입원과 수술 등 진료를 담당하고, 50%의 진료비를 지원하기로 하였다. 지원 대상으로는 선교사 본인은 물론 배우자와 자녀까지 포함시켰다. 그리고 교회는 건강보험에 관련된 보험자격 유지 등 행정지원 업무를 나누어 하기로 협약했다. 선교사 진료비 50% 지원을 위하여 의료원에서는 연간 1억 원을 지출하기로 예산을 편성하였다. 그리고 이 모든 업무는 새로 신설된 의료선교센터에서 전담하기로 결정하였다.

2019년 기준 361개의 교회가 협약에 참가하고 있으며 선교사 950여 가정의 2,333명이 건강지원 프로그램에 등록되어 있다. 그간 의료원은 선교사 지원 건강 프로그램을 이용하는 선교사들이 증가함에 따라 예산을 증액하여 연간 2억 원을 지원한다. 의료비 지원을 요청하는 선교사들이 증가하면서 연세의료원 예산만으로는 부족하여 온누리교회를 비롯한 여러 곳에서 선교사 건강지원 사업에 1억 원을 기부하여 같이 협력하고 있다.

몽골에 전한 사랑,
연세친선병원

1994년 몽골 울란바토르 시에 '연세친선병원'이 개원하였다. 1992년 에비슨 의료선교사 내한 100주년 기념으로 우리가 받은 에비슨의 나눔 정신을 몽골에 나누어 주자는 의미로 연세의료원이 울란바토르 시와 함께 세운 병원이다.

이 병원을 연세의료원 직원들 1천여 명이 연간 1억 원을 후원하고 있었다. 지원은 내부조직이 아니라 외부조직인 '중앙아시아선교회'를 통하여 이루어졌다. 그러나 시간이 경과할수록 의료원 내의 후원자들의 열기가 감소하였다. 연세친선병원을 운영하는 주체가 의료원임에도 불구하고, 후원은 외부기관을 통하다 보니 연세친선병원을 후원하는 많은 기관 중의 하나로

취급되고 있었기 때문이다. 의료원 내 선교를 전담하는 조직을 신설하여 의료선교를 활성화해야 한다고 기안을 하여 강진경 의료원장으로부터 '연세의료선교센터' 설립을 재가받았다.

연세친선병원에는 초대원장이시며 연세의대 동문인 전의철 박사와 후임으로 최원규 의과대학 동문 목사가 병원장으로 봉직하였으며, 미국에 있는 세브란스 동문 의사들도 주로 안식년을 이용하여 의료선교사로 봉사하고 있었다. 의료선교센터를 통하여 연세친선병원으로 의료원 직원들이 후원금을 보내고,

울란바토르에 세웠던 연세친선병원

의료원에서는 산하 병원에서 새로운 모델로 교체하는 장비 중 연세친선병원이 원하는 의료장비도 지원하였다.

1993년부터 의료원 교직원들이 자비량으로 의료봉사단을 조직하여 매해 여름휴가를 몽골의 의료 소외지역을 찾아다니며 봉사활동을 펼쳤다. 간혹 교직원이 아닌 일반 지원자도 참여했는데, 휴대전화를 제조하는 기업 회장의 아들이 고등학생일 때 봉사단의 일원으로 참가하기도 했다.

회장의 아들은 의료봉사단 참여 후 180도 변화된 학생이 되었다. 학습을 열심히 하여 의사가 되어 어려운 이웃을 돕겠다는 소명이 생겼다. 놀라고 감격하고 고마운 마음에 다음 해 의료봉사단에는 회장 부자가 참석하면서 봉사단 전원의 항공료를 부담해 주기도 했다.

이렇듯 사춘기의 자녀들이 봉사활동에 참여한 후 어려운 사람들의 생활을 체험하고, 부모에게 받은 사랑과 한국 사회의 발전에 감사하는 마음이 생겨 사춘기 반항아에서 비전을 가진 젊은이로 변신하는 예를 많이 보았다.

연세친선병원 설립 당시 외국인에게는 병원설립이 허락되지 않아 울란바토르 시와 합작회사를 설립하여 20년간 운영하는 계약을 체결하였다. 연세의료원은 의료인력을 파견하여 진료를 맡고 몽골 의료진 교육을 하기로 했다. 울란바토르 시는 하드웨어, 즉 병원 건물과 토지를 제공하는 조건이었다.

개원 20년이 지나 계약기간이 종료함에 따라 연세친선병원 운영을 중단하였다. 우선 초기의 '1차 보건의료를 지원하여 의료수준을 향상시킨다'는 병원 설립목적을 달성하였다. 몽골 의료도 많이 발전하여 20년 전의 의료수준이 아니었다. 울란바토르 시내에 2차, 3차 대형병원들이 운영되고 있었다. 그리고 울란바토르 시는 합작 조건인 건물에 대한 투자를 전혀 이행하지 않아 낙후된 병원을 방치하고 있었다. 이런 상황에서 전임 의료선교센터 소장들과 연세친선병원에서 봉사하였던 의료선교사들의 모임에서 최종적으로 연세친선병원의 폐원을 결정하였다.

에비슨 선교사 내한 100주년 기념사업으로 몽골에 연세친선병원과 몽골국립의대 지원사업의 두 가지 사업이 시행되었는데, 연세친선병원과 달리 몽골국립의대를 돕는 사업은 계속되고 있다. 연세의료원에서 안식년이나 정년퇴임 후 울란바토르로 향한 치과대학 이충국, 의과대학 임경일, 보건대학원 채영문 교수들이 몽골 학생들의 교육과 연구에 참여하였다. 의료원의 많은 교수들이 몽골 교수를 초청하여 연수를 시키거나 직접 몽골에 가서 강의와 실습을 수행하였다. 에비슨 선교사의 신념대로 물고기가 필요한 사람에게 물고기를 주는 것이 아니라 물고기 잡는 법을 가르쳐 그들 스스로 물고기를 자급할 수 있게 하려는 것이다.

2015년까지 20여 년간 몽골국립의과대학과 치과대학 교수들 100여 명이 연세의료원에서 연수를 받았다. 이렇게 거쳐 간 몽골국립의대 교수 중에서 몽골 보건복지부 장관도 배출되었다. 세브란스병원에서 연수한 몽골국립의대와 치대 교수들은 한국의 선진 의료기술을 몽골에 베푸는 소임도 충실하게 하고 있지만, 그사이 연세의료원의 사명인 '하나님의 사랑'을 전하기 위하여 성경공부 모임을 만들어 함께 성경을 공부하기 시작하였다.

연세의료원은 의료 저개발국가의 의료진을 연세의료원으로 초청하여 전문분야 연수를 제공하려는 목적으로 '에비슨 인

몽골국립의대 연수교수 동문회

터내셔널 펠로십Avison International Fellowship'을 시작하였다. 1993년 몽골국립의과대학 교수들을 초청하는 사업으로 시작, 연수 분야는 의학, 치의학, 간호학, 국제보건학, 연수 기간은 3개월, 6개월, 혹은 1년까지 지원하고 있다. 지원 내용은 왕복항공료와 한달 130만 원의 생활비를 후원한다. 전체 예산 중 50%는 의료원 예산에서, 나머지 50%는 의료선교 후원금(에비슨 인터내셔널 펠로십 기금)에서 지원한다.

2020년까지 26개국 275명의 의료인에게 의학 연수를 제공하였다. 연수 후 모국으로 돌아가 한국에서 배운 물고기 잡는 법으로 많은 물고기를 잡기 시작할 것이며 자국에서 제2, 제3의 에비슨을 길러 낼 것으로 확신한다.

"물고기보다 물고기 잡는 방법을"
—에비슨 정신

조선 말기와 일제강점기를 거치면서 현대 한국의 교육과 의학 발전에 지대한 공헌을 한 분이 에비슨Oliver R. Avison, 1860~1956 선교사이다.

의사인 에비슨 선교사는 토론토의과대학 약리학 교수직을 겸임한 토론토 시장 주치의였다. 1892년에 조선 선교사 언더우드로부터 조선 의료선교 활동을 권유받고, 1893년 의료선교사로 부산에 도착한다. 고종의 시의가 되면서 알렌 박사가 세운 조선 최초의 서양의료기관인 제중원의 책임자가 된다.

1900년, 뉴욕 만국선교대회에 참석하여 조선의 의료선교 보고 끝에 세브란스로부터 1만 달러의 병원 건립 기부금을 받는다. 그리고 1908년, 세브란스의학교 교장으로서 조선 최초의 의사면허 7인을 졸업시킨다. 이 졸업생 중 대부분은 중국으로 망명하여 조선 독립을 위한 독립투사가 되었다.

에비슨 선교사가 조선에 오게 된 것은 캐나다에서 조선 선교사로 파송된 언더우드 목사의 조선 선교 연설에 감화를 받았기 때문이었다. 1915년 언더우드 선교사는 YMCA에서 60명의 학생으로 연희전문학교를 시작했다. 1885년 조선에 도착한 후 30년간 선교, 의학, 교육, 성경번역에 관여하던 언더우드는 연희전문학교를 설립하고 얼마 되지 않아 세상을 떠났다.

1916년, 에비슨 선교사는 친구 언더우드가 사망하자 부교장직을 겸하고 있던 연희전문학교의 교장이 되어 세브란스의학교와 함께 두 학교의 교장을 동시에 맡게 된다. 그는 1916년부터 1934년 은퇴할 때까지 17년간 세브란스연합의학전문학교와 연희전문학교의 교장이라는 막중한 임무를 수행해 냈다.

그리고 1935년, 조선에서 42년간 의학과 대학교육의 초석을 놓고 발전시킨 에비슨 선교사가 조선을 떠나 귀국한다. 이후 1957년 연세대학의 탄생은 에비슨 선교사의 양교 교장 역할이

우리의 의학과 대학교육의 초석을 놓은
에비슨 박사

그 초석을 놓아 이루어질 수 있었다. 에비슨 선교사는 조선인들에게 고기를 준 것이 아니라 고기 잡는 법을 가르쳐 준 선각자이자 은인이다.

에비슨 선교사가 귀국하면서 조선인에게 병원 보직을 주며 세브란스병원과 세브란스의학교를 맡기려 하였을 때, 조선에서 사역하던 많은 외국 선교사들의 반대에 직면했다. 그러나 이런 반대에도 불구하고 에비슨 선교사는 "조선인들이 능력이 없어서가 아니라 기회가 없었다"고 설득하면서 마침내 1934년 오긍선(미국 루이빌의과대학 졸업)을 세브란스의학교 교장으로, 1935년 세브란스의학전문학교 졸업생 이영준을 세브란스병원 원장으로 임명한다. 이영준 원장은 1948년 제헌국회의원으로 당선된 후 국회부의장까지 수행했다.

조선에 많은 의료선교 병원들이 평양, 인천, 원산, 대구, 부산, 광주, 전주 등에 세워졌다. 그러나 대부분의 선교사들이 의학교육을 통하여 고기 잡는 법을 가르치기보다는 질병치료에만 몰두했다. 고기 잡는 방법이 아닌 고기만을 주어 왔기에 많은 병원들이 설립 당시의 명성과 위세를 이어 가는 데 실패하였다. 세계교회협의회WCC, World Council of Churches 총회에서는 세브란스병원을 세계 의료선교의 모범이자 최고 성공작으로 평가하고 있다.

에비슨 선교사는 한국의 대학교육과 의학교육, 진료기술에 막대한 공헌을 한 의사이자 교육자이자 탁월한 경영자였다. 이러한 공헌에도 불구하고 잘 알려지지 않아 기념 건물이나 강당조차 없다가 2013년 에비슨 선교사의 이름으로 명명된 국내 최대의 의과대학 단일 연구시설인 에비슨의생명연구센터가 탄생한 것이다.

아프리카를 달리는 날

2010년 3월, 외국인진료소장 인요한 교수로부터 미국 키신저 전 장관을 복통증세로 조선호텔에서 세브란스병원으로 이송 중이라는 연락을 받고 급하게 병원으로 달려갔다. 세브란스병원 VIP 병동에 입원했던 키신저 전 미국 국무장관은 퇴원하면서 세브란스병원의 훌륭한 의료시설과 수준 높은 의료진의 실력에 감사와 놀라움을 표했다.

"미국에서도 쉽게 접하기 힘든 훌륭한 의료시설은 물론, 의료진들의 신속하고도 수준 높은 실력에 진심으로 감사를 표한다. 특히 주말 토요일인데도 관련 3개의 진료과 세 분의 교수가 협진하여 나의 병명을 신속하게 결정하여 주는 데 큰 감명을 받았다."

키신저 전 국무장관은 이렇게 퇴원 소감을 밝히며 VIP 병동 간호사들에게도, "진심 어린 간호를 해줘 마치 집에 있는 것처럼 마음 편하게 지낼 수 있었다. 나의 개인 간호사가 뉴욕에 있는데 그 간호사 대신 세브란스병원 간호사를 채용하면 좋겠다." 라고 하면서 근무하는 간호사 모두에게 악수를 청했다.

우리나라와 세브란스병원이 받았던 사랑을 나누기 위해, 2011년 연세대학교 개교 125주년 기념사업으로 '글로벌 채리티 Global Severance, Global Charity' 사업을 시작했다. 글로벌 채리티는 치

키신저 전 국무장관과 함께

료가 필요하지만 경제적인 문제와 저개발국가의 낮은 의료수준으로 치료가 어려운 해외 환자를 초청하여 치료를 제공하는 사업이다.

이 사업은 '4T 케어', 즉 '팀워크 케어Team Care', '보호자와 함께 Twin Care', '치료 플러스+Total Care', '공감 치료Touch Care'를 제공하여 왔다. '팀워크 케어Team Care'란 의료진, 사회사업팀, 간호팀, 원목실, 원무팀, 국제팀, 의료선교센터 등 여러 부서 간의 긴밀한 협력을 통해 초청부터 퇴원까지 전 과정에서 환자가 불편하지 않도록 돕는 것을 말한다. '보호자와 함께Twin Care'는 환자가 외롭지 않고 정서적으로 안정되도록 보호자까지 함께 한국으로 초청,

세브란스 글로벌 채리티에 초청된 케냐 환자들

통역 봉사자를 연계해 원활한 의사소통을 돕는 것이다. '치료 플러스+Total Care'는 한국 나들이, 환송회, 기념선물 등을 준비해 한국과 세브란스병원에 대한 좋은 추억을 안고 본국으로 돌아갈 수 있도록 지원하는 것을 가리킨다. 또 '공감 치료Touch Care'란 환자와 의료진이 정서적인 교감을 통해 신체적 치료뿐만 아니라 마음도 치유되도록 돕는 것이다.

2011년 시작 시에는 외부 도움 없이 진행하여 5개국 7명의 환자를 초청하였고, 이후 여러 후원자 및 후원단체들과 함께 동행하며 매년 약 25명의 환자들이 초청되고 있다. 글로벌 채리티 사업은 치료를 해주는 것으로 끝나는 것이 아니라, 치료를 받은 환자들이 건강하게 회복하고 자국에서 또 다른 사람에게 긍정적인 씨앗을 뿌리는 역할을 감당하도록 함에 그 목적이 있다.

2019년까지 28개국 203명의 해외 환자를 돌보았으며 초청 치료비용은 80억 원에 달한다. 주요 초청 국가는 몽골, 필리핀, 베트남 등 아시아 국가 그리고 아프리카 등 저개발국가이다. 초청 대상 환자는 선천성 또는 후천성 심장질환, 안면기형, 난청 등과 같이 1회성 수술이나 치료를 통하여 완치 가능한 질환을 대상으로 하였다.

2013년 10월은 세브란스병원 안과가 아프리카를 달리는 날

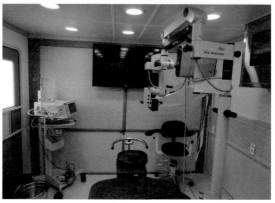

아프리카 말라위에 이동형 안과병원의 의료진을 지원하였다.

이었다. 아프리카 말라위는 전 국민의 1%가 트라코마와 백내장 등으로 실명되는 나라이다. 말라위 전국에 안과 의사가 7명밖에 되지 않는다. 코이카와 정몽구재단과 세브란스병원 안과팀이 합력하여 말라위에 이동형 안과병원을 지원하였다.

정몽구재단에서는 특수 차량을 지원해 주었다. 안과수술에 필요한 미세장비가 비포장도로를 이동 중에도 손상을 입지 않을 특수 차량이었다. 코이카는 안과용 수술장비를, 세브란스병원에서는 서경률 교수를 팀장으로 하는 6명의 의료진을 지원하였다. 이동형 안과병원은 말라위 수도 릴롱궤에 위치한 대양병원을 모 기지로 하여 말라위 여러 지방을 다니며 말라위에 거주하는 의료선교사 윤상열 안과교수와 함께 백내장 수술을 하고 감염병인 트라코마 예방교육도 실시하였다.

이동형 안과병원 개소식에는 조이스 반다 말라위 대통령도 참석하여 말라위 국민에게 꼭 필요한 백내장 수술을 지원한 세

조이스 반다 대통령을 비롯한 말라위 국민들과 함께

브란스병원과 한국 국민에게 감사의 뜻을 전하는 축사를 하였다. 이동형 안과병원 기증에 대한 소식을 들은 조이스 반다 대통령은 개소식 몇 달 전에 한국을 국빈방문하며 연세의료원을 찾아 미리 감사의 인사를 하는 행사를 가졌다.

이동형 안과병원 개소식에 참석하면서 감회가 새로웠다. 세브란스병원이 백 년 전에 받았던 의료혜택을 머나먼 아프리카에 하나님의 사랑으로 나누는 미션을 계속 수행하고 있다는 사실이 감동으로 다가왔다. 머나먼 나라, 이름도 몰랐던 나라, 암흑의 조선에 와서 나눔을 실천한 의료선교사들이 하늘에서 보면서 크게 기뻐하리라고 생각되었다.

의료강국 한국

코로나19 이후 K-방역 등을 비롯하여 언젠가부터 세계가 한국의 의료 시스템을 예사롭지 않은 눈으로 바라보고 있다. 한국이 의료 선진국인 것은, 다른 나라에서 병원진료나 수술을 경험해 본 사람들은 한국 의료수준의 우수성은 물론 안전성과 편리성 등을 실감하고는 칭찬을 넘어 의료 선진국으로서의 자부심을 느낀다는 것이 대부분의 의견이다. 한국 의료가 이 정도로 체계적으로 발전한 것은 왜일까?

지금으로부터 140여 년 전 한국에 서양의술이 처음 전해질 때, 다른 나라와 달리 한국에서는 의료인을 양성하는 각급 학교부터 설립함으로써 서양의술을 전해 준 선교사나 의료인 등이 본국으로 돌아가더라도 한국인에 의한 한국인 진료가 가능하도록 처음부터 의료인 양성 체계를 제대로 수립했기 때문일 것이다. 아프리카 각국에 수많은 의료인 봉사자들이 활동을 해왔지만 그들이 본국으로 돌아가고 나면 또다시 의료혜택의 사각지대로 남게 되는 것은, 아프리카 의료가 스스로 자립할 수 있는 자국 의료인 양성이 체계적이지 못했기 때문이 아닌가 싶다.

기부로 시작된 한국의 의료는 이제 의료강국으로 우뚝 서서 세계 의료 전초기지로서의 역할을 넘어 우리가 다른 나라의 의료 시스템을 구축하는 데 도움을 줄 수 있다는 자부심을 가질 입장이 되었다. 그동안 한국인의 약점으로만 치부되었던 굶더라도 자식 공부만은 포기할 수 없다는 유별난 교육열의 결과가 아닌가. 이제 받은 만큼 누군가에게 돌려주고 싶다는 'I am SEVERANCE'가 새삼 돋보이는 대목이다.

나가는 글

책을 준비하는 동안에 의약분업 사태 이후 두 번째로 의사 파업이 일어났다. 의사들의 정당한 요구가 전달되는 과정에서 파업의 취지가 왜곡되어 자기 이익만 주장하는 집단으로 호도되는 현실이 참으로 안타까웠다. 의사들이 기피하는 전문과목 의사로서, 그리고 대학병원 행정을 경험한 선배로서 파업의 진정한 의미와 젊은 의사들의 분노에 가까운 감정을 충분히 공감하는 입장이다. 그래서 의사 정원확대와 공공의대 설립에 대한 문제점을 알리고, 해결방안까지 제시하고 싶어졌다.

우리나라의 의사 수가 부족하다고들 이야기한다. 우리나라 인구 1천 명당 활동의사 수가 2.4명이지만 OECD 평균이 3.5명이기 때문이다. 그러나 현실을 자세히 알면 의사 수가 부족하다는 말은 틀린 말이다. 이유는 다음 두 가지 때문이다.

첫째, 우리나라 의사들의 평균 연간 진료건수는 7,071건이고 OECD 의사 평균 연간 진료건수는 2,145건이다. 우리나라 의사 1인이 OECD 의사 3인의 진료 몫을 하고 있다. 낮은 의료수가로 병의원을 유지해야 하는 개원의들은 하루 60명을 진료해야 병원을 폐업하지 않고 생활을 유지할 수 있다. 의료공급의 총량은 결코 부족하다고 볼 수 없다. 다만 서양 의사들은 따라올 수 없는 근무강도가 있을 뿐이다. 여기다 많은 환자를 돌봄에도 오진율은 극히 낮다. 훌륭한 실력을 갖춘 한국 의사들의 경쟁력이자 헌신이다.

이런 헌신에 따른 혜택은 환자에게 돌아간다. 미국처럼 전문의사 진료 한번 받으려면 몇 주씩 기다려야 하는 일이 우리나라에서는 일어나지 않는다. 동내 개원 전문의들은 얼마든지 당일 진료가 가능하다. 병원 문턱이 우리나라처럼 낮은 나라가 세계 어디에도 없다.

우리나라 모든 의사들도 미국 의사들처럼 환자 한 사람당 30분씩 진료를 하기를 간절하게 바란다. 가족 얘기도 하고 지나간 진료 상황과 앞으로의 진료 방침 등을 충분하게 논의하고 싶다. 컴퓨터 화면은 적당히 보고, 환자 얼굴을 보고 환자 손도 붙

잡고 위로와 격려의 진료를 하고 싶다. 그런데 이렇게 하면 몇 달 못 가서 간호사 월급도 못 주고 월세도 못 내게 되어 병의원은 100% 폐업을 하게 될 것이다.

둘째, 전체 활동의사 11만 명 중 미용과 성형에 종사하는 의사가 3만 명이다. 특정 전공 쏠림이 이렇게 심한 나라는 찾아보기 힘들다. COVID-19 같은 감염병 시대에 감염내과 전문의는 우리나라 전체에 200여 명 근무하며, 한 해 20명만 배출된다.

흉부외과 전문의는 한 달에 16일 야간대기한다. 절반이 탈진 상태이다. 하루 평균 12시간 근무하고, 1개월 평균 5일 당직 밤샘근무하고, 10일은 집에서 야간대기, 즉 온 콜로 대기한다. 병원에 전공의가 1명이거나 아예 없는 경우가 61%이다. 전공의 수련기간이 4년이니 연차마다 1명씩 채워졌다면 적어도 4명은 있어야 한다. 병원에 흉부외과 전공의가 1명밖에 없으니 병원 실습에 참여한 의과대학 학생 눈으로 보면 어떤 생각이 들겠는가? 아무리 흉부외과 의사가 되고 싶어도 전공의 1명밖에 없는 곳에서 근무할 생각을 하면 고생문이 훤하다고 생각하지 않겠는가? 전문의가 된들 개원도 못 하고 종합병원의 취직자리도 별로 없다. 이런 상황이니 흉부외과에 지원을 하지 않게 되고 점점 더 흉부외과 의사가 부족하게 되는 악순환으로 빠져든다.

흉부외과는 심장과 폐를 수술하는 외과 분야이다. 외과 중에서도 가장 수술시간이 길고 고난도의 수술을 하는 분야이다. 수술 후 며칠이 가장 위급한 상황이라서 중환자실에서 환자 옆을 떠나지 못하고 밤을 새우며 지켜보아야 하는 의사직 중 대표적인 3D 분야이다.

신규 외과 전문의 배출 비율을 보면 2000년에는 전체 신규 전문의 10명 중 1명이 외과 의사였다. 지금은 그 절반인 4%밖에 되지 않는다. 소아외과 의사를 팀장으로 5~6명이 팀을 이루어 2시간 이상 걸리는 미숙아 괴사성 장염 수술의 수가가 신생아 가산료가 추가되어도 100만 원이지만, 쌍꺼풀 수술에 100만 원이 지불된다. 많은 의사들이 미용과 성형 쪽 진료분야로 몰리는 원인이다.

소아과 중에 비인기 과인 미숙아 담당 신생아 진료 분야는 수가가 많이 개선되었지만 각 대학병원마다 신생아 진료 분야 교수 초빙을 하여도 지원자가 없다. 소아과 중에서도 대표적인 3D 분야라 할 수 있다. 미숙아는 예고 없이 24시간 중 어느 때나 태어나고, 인큐베이터를 이용하여 중환치료도 하여야 하기 때문에 항상 긴장 속에서 살아야 하는 분야이다. 메이저 과라고 불리는 내과, 외과, 산부인과, 소아과 기피 현상이 일어난 이유는 위험하고 힘든 의료행위를 하는 의사에게 충분한 보상을 하지 않는 의료수가 왜곡 때문이다.

우리나라 의사들의 특정 진료과 쏠림 현상이 개선되어야 한다. 필수중증의료 분야 의사는 갈수록 줄어든다. 성형과 미용 분야의 쏠림 현상이 개선되고 생명을 다루는 '내외산소' 과로 지원이 많이 되면 의사가 절대로 부족하지 않다. 더군다나 우리나라 의사 1인당 진료환자 수가 OECD 의사의 3배에 달하는 경쟁력과 효율성이 뒷받침된다면, 의사 수가 부족하다는 논리는 그야말로 숫자 놀음일 뿐이다. 무작정 의사를 늘리는 것이 아니라 의사의 쏠림 현실을 파악하고 인간 본성에 순응하는 순리의 의료정책이 필요하다.

의사 정원과 함께 논란이 되고 있는 것이 공공의대 문제이다. 의료 취약지역을 해결하기 위하여 공공의대를 신설하려 한다. 그러나 공공의대 신설로 절대로 의료취약지 문제는 해결되지 않는다.

대만 정부는 1975년 정부 주도로 취약지역과 재향군인 진료를 위한 '국립양명의대'를 설립하였다. 의대생 전원을 국가장학생으로 하여 수업료를 지원하였다. 그러나 취약지 2년 의무복무를 마치고 84%가 도시로 떠나 버렸다. 대만 정부는 대학 설립을 취소할 수 없으니 입학생 전원을 국가장학생에서 자비 수업료 학생으로 변경하였다.

그리스는 의료취약지 문제 해결을 위하여 의사를 과잉으로 배출하여 골머리를 썩고 있다. 2007년부터 인구 1천 명당 의사 5.3명으로 우리나라 의사 수의 2배가 넘는다. 대부분 의사가 도시에만 있어 외곽지는 여전히 의료취약지로 남아 있지만 수도 아테네에서는 의사 과잉으로 의사 열 명 중 셋이 실직 상태에 있다.

내가 아는 성형외과 전문의는 서울 청담동에 개원하였으나 적자경영으로 의원을 폐업하고, 서울 강남의 요양병원 야간당직의로 근무하고 있다. 가족과 본인의 생활 근거지인 서울을 떠날 수 없는 것이다. 많은 사람들이 주거지로 '똘똘한 집 한 채'를 위하여 서울을 원하면서 어째서 의사들만 의료취약지로 내모는지 이해하기 어렵다. 의사들도 보통의 인간이고 생활인이기 때문에 성직자로 기대하여서는 안 된다.

의사 정원확대나 공공의대 신설은 인간 본성에 대한 무지에서 비롯된 정책이다. 의사 수를 늘린다고 취약지역에서 근무하지 않는다.

첫째 이유는, 원치 않는 곳에서 일하는 의사는 오래 남을 가능성이 낮다. 열심히 일도 않는다. 의사도 더 나은 환경에서 살기를 원하는 가족을 둔 가장이자 보통의 생활인이다.

전공 선택도 마찬가지다. 원치 않는 전공을 강제할 수 없다.

전공에 대한 열망이 강한 사람도 근무강도에 비하여 노력의 대가가 미흡하다고 생각하면 버티기 어렵다. 수련을 마쳐도 받아줄 병원이 없다면 원하는 전공을 평생직업으로 택하기가 어렵고, 노후를 생각하면 더욱 어려워진다.

둘째 이유는, 현대의학은 의사 하나 보낸다고 해결되지 않는다. 다양한 의료보조인력과 검사설비가 동반되어야 한다. 중환자를 다루는 의사일수록 여러 사람과 팀을 이루어야 한다. 의사뿐 아니라 다양한 투자가 동시에 필요하다.

사회봉사정신이 강한 사람과 인생에서 성취를 중히 여기는 사람 중에 누가 더 일을 잘할 것 같은가? 물론 사회봉사정신이 강한 사람은 금전적 보상이 없어도 소명의식에 따라 일을 자발적으로 열심히 할 것이다. 그러나 이보다 더 열심히 일하는 쪽은 성취를 중하게 여기는 후자이다. 이들이 환자도 열심히 보고 응급의료상황에 빨리 대처한다. 사회봉사정신이 강한 학생도 별로 없지만 봉사정신이 강한 학생을 선발하였다 하더라도 강제로 배치하는 방식은 반드시 실패한다.

의사가 되고 싶은데 성적이 미달되어 의사가 못 된 사람도 추천에 의해 공공의대에 갈 수 있다는 것과 부실한 임상실습에 의해 질과 격이 떨어지는 의사에게 내 몸을 맡기기 싫다는 정서가 공공의대 신설 반대에 힘을 실어 주고 있다. 선발에 대한 의

혹과 부실 실습교육, 그리고 이들이 의무복무기간을 마치고 도시로 갔을 때 의사들 내부에서도 다른 종류의 의사로 받게 될 따돌림도 견디기 어려울 것이다.

의료취약지에 스스로 갈 수 있는 다양한 인센티브를 도입하고 환경을 개선해 주어야 한다. 이렇게 환경이 나아지면 그곳에서 인생의 성취를 이루고자 하는 의사들이 나타날 것이다. 좋은 정책이란 인간 본연의 욕망을 그대로 이용하면서 공공의 선을 창출해 내는 것이다.

캐나다와 영국의 의사는 국가공무원이지만 가정의학과 전문의는 연소득 약 30만 달러인 데 비해 외과 계열 전문의는 연봉이 50만 달러이다. 그들은 외과의사가 부족하지 않다.

의사 1인당 환자진료 건수를 줄여도 병의원을 유지할 수 있도록 수가를 높여야 하는데 어느 정부도 이런 노력을 한 적이 없다. 오로지 무료로 주는 의료혜택만 늘려 표를 얻을 정책만 쏟아 내고 있다. 낮은 수가, 혹사 수준의 많은 환자 진료, 진료과 간 그리고 지역 간 쏠림을 바로잡을 구상 없이 그냥 의사 수만 늘릴 생각이니 의사들이 반발할 수밖에 없다.

의사 수와 함께 병의원에 대한 투자도 늘려야 한다. 첨단의료는 의사 혼자 할 수 있는 일이 아니다. 첨단진료일수록 시설과 장비에 많이 의존한다. 과거처럼 환자진료 시 청진기 하나

달랑 들고 청진을 하고, 눈으로 때깔을 보는 시진을 하며, 손으로 만져 보는 촉진, 그리고 손가락으로 때려 울려 나오는 소리를 듣는 탁진의 시대가 아니다. 이런 진료를 '정글 메디신'이라 한다. 요사이 아프리카에서도 이런 진료는 하지 않는다. 실습병원도 갖추지 못하고, 의료 인프라에 대한 투자 없이 공공의대를 만들어 이런 '정글 메디신' 의사를 양산하려는 것인가?

공공의대는 헛다리를 짚은 잘못된 정책이다. 현장의 의료현실과 인간의 본능을 거스르는 정치적 발상이다.

낙후된 지역 의료 문제나 전문 진료과목 간 의사 쏠림의 해결 실마리는 정부가 풀어야 한다.

첫째 실마리를 푸는 방법은, 공공의대 대신 공공의료원을 확대하여야 한다는 것이다. 흑자를 낼 수 없는 의료보험 수가로 인하여 민간에 의한 병원 투자는 기대할 수 없다. 정부가 민간병원에 투자를 할 수 없는 의료법을 만들었다. 병원에는 출연만 되고 투자는 금지하고 있는 원흉이 의료법이다. 그러므로 정부가 투자하여 공공의료원, 공공병원을 만들라.

우리나라 병원들의 병상 중 90%가 민간병상이다. 싱가포르는 공공병상이 50%이다. 우리나라 의료보험제도는 병상의 90%를 차지하는 민간병원의 투자에 의존하고 있다. 그동안 정부는 공공병상을 짓기 위해 지출예산을 편성하지 않았다. 민간병원이 투자한 입원병상과 전국 병의원에 국가의료보험 제도를 강제 적용하는 법률을 만들었다. 그런 이유로 우리나라 건강보험을 사회주의 의료라고 부른다. 국가의료보험 환자 진료를 거부하고 민간 실손보험 환자만을 진료하려 하면 범법자가 된다. 민간보험인 실손보험 환자만 진료하는 자유를 박탈한 것이다.

국가는 정부 투자 없이 민간병원 투자에 편승하여 국민 건강을 지키게 하였다. 우리나라 보건복지부 지출예산 80조 원의 90%인 70조 원이 나누어주기식 복지 예산이다. 의료 인프라 투자에 쓰일 예산은 보건복지부 전체 지출예산의 3%도 되지 않는다. 그래서 보건복지부란 명칭에서 보건이란 단어를 떼어 내라는 주장도 있다.

싱가포르처럼 국가가 공공병원에 예산을 투입하여 병상을 늘려 국가의료보험을 공공의료원에게 맡겨야 한다. 그리고 싱가포르는 민간병원들을 자본개방형으로 체제를 전환하여 주식시장에도 상장토록 하여 대규모 민간자본을 투자할 수 있도록 하였다. 우리나라도 싱가포르처럼 자본개방형 병원을 육성하여 최고의 국내 의료진의 의료기술로 외국 환자를 유치, 민간병원을 국부창출의 전진기지로 만들어야 한다.

민간병원의 투자로 수많은 교수들이 해외연수를 마치고 우리나라 의학을 세계 수준으로 이끌어 왔다. 나도 연세의료원의 연수비 지원으로 미국에서 신생아 집중치료를 배워서 우리나라에 소개한 신생아 집중치료 1세대이다. 국가로부터 1원 한 장 지원받지 못했다. 그리고 낮은 의료보험 부담률로 인한 적자 수가로 인하여 격무를 이겨 왔다.

우리나라 의사들은 수많은 환자를 진료하여 병원 문턱을 낮추면서 최고의 진료를 국민에게 베풀어 왔다. 국민들이 지불한 건강보험료에 비하여 엄청난 양질의 혜택을 받았다면 누군가의 희생이 있어야 한다. 바로 민간병원들의 희생 위에, 우리나라는 미국 오바마 대통령도 부러워하는 최고의 의료혜택 국가로 발전되어 왔다. 이런 현실은 우리나라 건강보험료보다 10배 비싼 보험료를 내고도 형편없는 미국 병원 진료서비스를 받는 수많은 미국 교포들이 그 증인이다.

그러나 건강보험공단은 보험 재정을 아끼기 위하여 병의원에서 청구한 진료비의 부당삭감을 서슴지 않고 행한다. 오히려 의사들을 거꾸로 부당청구와 과잉청구로 몰아붙여 의사 집단을 파렴치한 집단으로 호도한다. 그리고 언론도 의사의 파업을 밥그릇 싸움으로 호도하면서 국민들의 지탄의 대상이 되게 만들었다. 의사들이 파업하는 건 단순하게 의사 정원확대를 반대하는 것이 아니다.

낮은 수가 해결 없이 의대 정원을 확대해 봐야 허사가 된다. 공공의대 취지는 좋지만 입학 공정성 결여, 실습 미비, 그리고 역량 미비로 불량 의사 양산의 길이 될 것이다. 낙후 지방 병의원이 개선되지 않는 것은 민간투자를 금지시킨 정부가 책임져야 한다. 의사 정원확대 같은 정책과 공공의대 신설과 같이 인간의 본성을 거스르는 정책은 반드시 실패한다.

둘째 실마리는 보험수가 인상으로 풀어야 한다. 모든 병의원 보험수가를 인상하라는 이야기가 아니다. 우리나라 의료 불균형인 지역별 쏠림, 전문과 간의 쏠림을 해결하는 길은 너무도 간단하다. 흉부외과 같은 기피 과, 생명을 다루는 과의 보험수가를 성형외과나 피부과와 같은 매력적인 수준으로 올려라. 지방의 병의원 보험수가를 도시 병의원 보험수가의 3~4배로 인상시켜라. 그러면 간단하게 이 모든 문제가 해결될 것이다. 불균형이 발생한 원인을 알면 해결이 쉬워진다.

자고로 정부는 순리대로, 정치논리가 아닌 경제논리로, 인간의 본성을 거스르지 않는 정책을 펴야 한다. 그러면 국민과 의사 사이, 의사와 의사 사이를 편 가르지 않고도 자연스럽게 모든 문제들이 해결될 것이다.

참고문헌

고진숙, 《올리버 R. 에비슨》, 샘터, 2013.

김학은, 《루이스 헨리 세브란스 그의 생애와 시대》, 연세대학교 대학출판문화원, 2008.

박형우, 《세브란스와 한국의료의 여명》, 청년의사, 2006.

박형우, 《연세대학교는 어떻게 탄생했는가》, 공존, 2016

벤 티글러, 《래더》, 중앙books, 2020.

송경희, 《대암 이태준》, 라이프플러스인서울, 2010.

알렌 디그레이 클라크, 《에비슨 전기: 한국 근대의학의 개척자》, 연세대학교출판부, 1978.

유승흠, 《유일한 정신의 행로》, 한국의학원, 2019.

이채윤, 《록펠러, 십일조의 비밀을 안 최고의 부자》, 북오션, 2012.

이철, 《세브란스 드림 스토리》, 꽃삽, 2007.

프레데릭 살드만, 《손을 씻자》, 문학세계사, 2008.

135년 최장수 병원의 디테일 경영 이야기

세브란스
인사이드

초판 1쇄 발행 2021년 1월 21일
초판 2쇄 발행 2021년 1월 25일

지은이 이철
발행처 예미
발행인 박진희, 황부현

출판등록 2018년 5월 10일(제2018-000084호)

주소 경기도 고양시 일산서구 중앙로 1568 하성프라자 601호
전화 031)917-7279   **팩스** 031)918-3088
전자우편 yemmibooks@naver.com

ⓒ이철, 2021

ISBN 979-11-89877-49-1   03320